本书为司法部 2012 年度国家法治与法学理论研究项目一般课题"涉外民事司法环境优化机制研究"的最终成果项目编号为 12SFB2055

The Study on the Promoting Mechanism of Foreign Civil and Commercial Trial

涉外民商事司法环境优化机制研究

袁发强 / 著

图书在版编目(CIP)数据

涉外民商事司法环境优化机制研究/袁发强著.—北京:北京大学出版社,2018.11

ISBN 978-7-301-29996-8

Ⅰ.①涉… Ⅱ.①袁… Ⅲ.①涉外民事法—研究—中国 ②涉外经济法—研究—中国 Ⅳ.①D923.04 ②D922.295.4

中国版本图书馆 CIP 数据核字(2018)第 248533 号

书　　　名	涉外民商事司法环境优化机制研究 SHEWAI MIN SHANG SHI SIFA HUANJING YOUHUA JIZHI YANJIU
著作责任者	袁发强　著
责 任 编 辑	尹　璐
标 准 书 号	ISBN 978-7-301-29996-8
出 版 发 行	北京大学出版社
地　　　址	北京市海淀区成府路 205 号　100871
网　　　址	http://www.pup.cn　新浪微博 @北京大学出版社
电 子 信 箱	sdyy_2005@126.com
电　　　话	邮购部 010-62752015　发行部 010-62750672 编辑部 021-62071998
印 刷 者	北京溢漾印刷有限公司
经 销 者	新华书店
	965 毫米×1300 毫米　16 开本　15 印张　175 千字 2018 年 11 月第 1 版　2018 年 11 月第 1 次印刷
定　　　价	49.00 元

未经许可,不得以任何方式复制或抄袭本书之部分或全部内容。
版权所有,侵权必究
举报电话: 010-62752024　电子信箱: fd@pup.pku.edu.cn
图书如有印装质量问题,请与出版部联系,电话: 010-62756370

目 录

第一章　涉外民商事法官职业队伍建设 //001
　　第一节　当前法官遴选制度和流动机制的现状　//003
　　第二节　涉外法官职业培训与后续教育　//018
　　第三节　涉外法官队伍的稳定性与裁判水平　//027

第二章　立法、司法解释与案例指导制度 //037
　　第一节　现行涉外立法质量状况　//039
　　第二节　涉外司法解释的现状与问题　//046
　　第三节　涉外案例指导制度的评价　//055

第三章　涉外民商事管辖权的行使 //069
　　第一节　涉外民商事案件管辖的考量因素　//071
　　第二节　现状与需要解决的问题　//084
　　第三节　集中管辖现状分析与未来走向　//102

第四章　涉外审判程序和裁判中的操作问题 //107
　　第一节　涉外送达　//109
　　第二节　域外取证与文书认证　//119
　　第三节　裁判文书的表达与法理分析　//134

第五章　外国法的查明与适用 //149
　　第一节　外国法查明中的问题　//151

第二节 外国法的适用 //165
第三节 国际条约与国际惯例的适用 //174

第六章 **外国判决和仲裁裁决的承认与执行** //193
第一节 外国民商事判决的承认与执行 //195
第二节 外国仲裁裁决的承认与执行 //207
第三节 我国区际判决和仲裁裁决的承认与执行 //219

参考文献 //231

后　记 //238

第一章
涉外民商事法官职业队伍建设

要构建优化的涉外民商事司法环境,首先要建立专业化、优质化的法官队伍,建立和完善高素质涉外法官遴选、培养和后续教育的系列制度。涉外专业审判人员是案件的承办主体,因而高素质的专业法官队伍建设是优化涉外民商事审判机制的核心内容和前提条件。我国目前正在进行的司法改革建设正是以此前提为中心展开的。司法改革的目的就是要建立一支高质量的法官队伍。不过,目前的司法改革还只是在整体上提高法官队伍的门槛和待遇,并未细化不同专业法官的准入和培养机制,还有许多问题有待进一步的解决。

第一节 当前法官遴选制度和流动机制的现状

法官质量的高低直接决定了司法质量的高低。而决定法官质量的首要环节,便在于初任法官的遴选制度。我国现行的法官遴选制度架构建立于1995年通过的《中华人民共和国法官法》(以下简称《法官法》)。在1995年《法官法》的框架下,辅之以2001年的修订,得以最终形成我国运作至今的法官制度。虽然在今日司法改革的背景下,对于现有法官制度的质疑和批评越发强烈和急迫,但不可否认的是,现行的法官遴选制度曾发挥过重要的时代积极意义。欲知其流,先知其源。

一、司法改革前的法官遴选制度

在《法官法》颁布以前,我国的法官遴选制度是高度行政化和粗糙的。为了区别于"旧司法",我们甚至不使用"法官"这一称谓,而代之以能体现"为民司法"色彩的"审判员"称谓。① 在历史上,我国法院曾被作为政府的一部分而存在,完全丧失其应有的独立地位。对法官的遴选权,掌握在与法院同级的行政政府手中。② 在人民代表大会制度确立后,法院至少从宪法制度上脱离了行政。对法官的遴选权,被立法划入各级人民代表大会。

1995年之前,法官的任职条件和资格相对来说是落后与粗糙的,其遴选标准重政治素质和纪律作风。实践中偏重考察资历级别,而对法官的学历文化,以及专业法律知识没有明确要求。对初任法官,侧重于考察其政治思想,而未对法官的专业业务能力作出要求和硬性规定。③ 在1983年《人民法院组织法》修改以前,成为法官甚至不需要具有法律专业知识。④ 于是,实践中有大量的退伍军人进入法院法官队伍。复转军人、教师和一些大中专毕业生成为法官队伍来源的基本结构。针对这种"复转军人"为主体的司法队伍现象,后来学者的批评意见很多,主要意见是质疑其法律知识功底和专业素养。当然,这也是合理的历史现象。由于"文革",七八十年代还难以有足够的大学法律人才充实到司法队伍中。

1995年《法官法》从立法上确立了法官专业化的队伍建设方向。其积极意义在于:

(1) 确立了"法官"这一称谓与法官的范围,将法官与行政机关工作人员相区别;

---

① 参见陈海光:《中国法官制度研究》,中国政法大学2002年博士论文,第23页。
② 参见李丽:《从历史角度看中国法官制度发展》,载《理论界》2011年第11期,第109页。
③ 参见曹志瑜:《解读〈法官法〉、〈检察官法〉中的"其他具备条件"——兼论基层司法首长选任模式》,载《世纪桥》2012年第13期,第37页。
④ 参见陈海光:《中国法官制度研究》,中国政法大学2002年博士论文,第24页。

（2）资格准入上首次要求法官必须通过法院系统组织的全国统一考试，且对报考人员的学历有所要求，即最低学历需在法律专科以上。[①]

可见，1995年《法官法》提高了法官准入门槛，使得法官整体的文化知识水平与专业能力有所提升。在此基础上，2001年修订后的《法官法》形成了我国现行的法官遴选制度。具体来看，有以下重要变化：

（1）法官需年满23周岁；

（2）招录法官的人事名额由各地市确定；

（3）对法官的学历要求提升到了本科以上（除针对落后地区的特殊照顾）；

（4）通过地方统一公务员考试进入编制；

（5）必须通过国家统一司法资格考试，取得法律职业资格证书；

（6）在法院工作一定年限和达到一定业务水平后参加法院内部遴选考试；

（7）由法院党组提名，报同级组织部门和政法委同意，经人大常委会任命产生（非院长和助理审判员）。[②]

现行的法官遴选制度，其积极意义在于对法官提高了要求，即学历至少本科以上，提高了初任法官群体的文化知识能力底线；要求通过国家统一司法资格考试，使初任法官至少从法律理论和知识水平上具备不亚于律师的法律专业背景。从整体上看，初任法官的业务能力和审判水平相较以前均有所提高，整体司法质量也在一定程度上得到了改善。

[①] 参见1995年《法官法》第9条。有关法院系统的全国统一考试则参见《最高人民法院初任审判员、助理审判员考试暂行办法》第2条的规定。

[②] 参见2001年修订后的《法官法》第9、11—12条。

进入21世纪,随着我国经济高速发展,疑难复杂案件越来越多,人民群众对依法维护自身合法权益的要求也越来越高,对法院司法裁判质量提出了更高的要求和期待。现有的法官遴选制度在面对社会复杂矛盾,急需提高司法质量的现实要求下,其弊端正逐渐显现。这突出表现在以下几个方面:

(1) 学历要求仍然过低。现行制度允许非法律专业本科以上学历的人担任法官,这本身就忽视了法律理论素养对于司法裁判实践的指导作用。将司法资格考试作为唯一的专业准入门槛,实质上是忽视了法律专业的基本特点和规律,将法官工作理解为机械执行法条的工具。这既是幼稚的,也是违背客观规律的。[1]

鉴于法官职业专业化的要求,以及如今我国每年能培养出大量法律本科学历以上的毕业生,已具有足够基数的法律职业后备人才的现实条件,不应该再允许非法律专业学历的毕业生成为法官。

(2) 重学历,轻经验。美国大法官霍姆斯说:"法律的生命不在于逻辑而在于经验。"对于一名合格的法官来说,拥有专业法律知识仅是前提,而更重要的一方面还在于法官需要具有从事法律职业的足够经验。现行制度仅仅对法官的学历作出了强制要求,而对经验的要求仅作为对于非法律专业学历法官的"学历瑕疵"的补充。虽然在现实司法工作中,法院的新入职人员往往要在书记员职位上工作5年以上方才能够向法官晋升,但是这种要求也还是远远不够的。[2]

(3) 初任法官年龄过低。成为法官不仅需要拥有法律的从业经验,更是要具备足够的生活阅历与社会经验,才能对社会现

---

[1] 参见王琦:《我国法官遴选制度的检讨与创新》,载《当代法学》2011年第4期,第84—85页。

[2] 参见杜瑞芳:《从职业培训视角探索中国特色法官遴选制度》,载《法律适用》2008年第9期,第76—77页。

象和法律行为具有恰当的是非判断能力。法律的适用不是空中楼阁,司法审判工作不仅仅是抽象的逻辑推理,更是建立在人情伦理与社会现实基础上的"定分止争"。年龄过低的法官往往人生阅历不足,难以体会立法背后的社会现实与价值观念,①在现实工作中会有机械司法的风险。

(4)遴选机制缺乏透明性,行政色彩浓郁。现行的法官遴选没有专业的法官遴选机构,提名权在法院内部,还需要经同级政法委和组织人事部门同意,最终由地方人大决定。遴选的要求与程序不透明,同时会受到来自地方行政机关的干涉。这为"讲关系走后门"而没有足够专业能力和经验的人成为法官开辟了通道,而且地方行政机关和地方人大的决定往往使法院难以摆脱行政化和地方化的桎梏。横向比较看,美国联邦法院法官由总统任命,德国联邦普通法院的法官也由总统任命。这种现象虽然不一定适合我国国情,但为我国法院破除地方主义影响提供了一定借鉴。②

(5)法官整体比例过高。据数据显示,现阶段全国法官总数占全国法院总人数的58%,③在发达地区如上海,法官人数占比就高达49%。然而,由于我国法院内部高度的行政化特色,领导直接取得法官资格、有经验的资深法官担任行政领导等现象导致直接从事审判工作的法官仍然相对缺乏。④一旦担任领导职务,

---

① 参见王飞、刘卉:《十年回首:对法官遴选制度的检视与修正——基于对东部地区基层青年法官司法能力的调查分析》,载万鄂湘主编:《探索社会主义司法规律与完善民商事法律制度研究》,人民法院出版社2011年版,第265—267页。

② 参见王琦:《国外法官遴选制度的考察与借鉴——以美、英、德、法、日五国法官遴选制度为中心》,载《法学论坛》2010年第5期。

③ 参见《中国内地法官人数已达到19.6万人》,http://www.chinanews.com/fz/2013/07-25/5085883.shtml,访问日期:2016年8月15日。

④ 参见王明新:《关于完善中国法官选拔制度的理性思考》,载《人民司法》2005年第5期,第56页。

法官也不再有继续钻研业务的动力。过高的整体比例往往意味着法官整体素质较低,这与法官专业化精英化的思路背道而驰。

(6) 缺乏常态化的逐级遴选机制。中级以上人民法院审理的多为二审和疑难案件,其法官应该具有高于下一级法院法官的业务能力和知识经验,方才能承担对于一审的"纠错"职能。也就是说,这类法官理应拥有更长的工作经验和更丰富的人生阅历,拥有更高的学历和法律专业能力,这样才能够处理更高层次的案件。而在现实生活中,刚毕业的大学生没有任何工作经验,就可以直接通过公务员考试进入中级以上人民法院工作,进而"抢占"法官名额。① 同时,虽然现实中存在从下级法院选调或通过考试进入上级法院的机制,但是该机制仍不够规范与透明,难以常态化运作。这不仅会影响上级法院的司法质量,而且还会导致下级法院法官的流动机制不畅,使得基层法官的职业热情与人生前景蒙上阴影。②

二、司法改革背景下的法官遴选

中国共产党十八届三中全会提出,建设法治中国,必须深化司法体制改革,加快建设公正、高效、权威的社会主义司法制度,维护人民权益。"深化司法体制改革,加快建设公正、高效、权威的社会主义司法制度"成为当前乃至今后相当长时期内法制建设工作的目标和中心。2014 年 6 月 6 日,中央全面深化改革领导小组第三次会议审议通过《关于司法体制改革试点若干问题的框架意见》,在上海、广东、吉林、湖北、海南、青海、贵州等省市进行试

---

① 参见刘义军、徐春成:《法官逐级遴选制度的构建》,载《理论探索》2014 年第 6 期,第 107—108 页。
② 参见王汉晴、王玮:《论法官层级遴选制度在我国之实践与构建——以 S 省 H 市中级人民法院为例》,载《山东审判》2015 年第 1 期,第 44 页。

点。司法改革的两个主要方面为人事改革和审判职能改革。在人事改革方面,主要包括法院机构设置、干部(包括法官)人事管理、法官队伍建设等。人事改革的主要举措包括:设立法官遴选委员会,将法院工作人员分为法官、审判辅助人员和司法行政人员,分类管理;建立法官员额制;完善法官等级定期晋升机制;完善法官选任制度等。其中,建立和完善法官遴选制度是提高法官队伍质量的首要环节。

从目前进展情况看,法官遴选制度的改革有以下几个方面:

(1) 新设"法官遴选委员会"。即"在国家和省一级分别设立由法官代表和社会有关人员参与的法官遴选委员会,制定公开、公平、公正的选任程序"[1]。建立专业的遴选机构专司遴选工作,并建立更加规范透明的遴选程序,使得遴选机制更具专业性与科学性。

(2) 初任法官人事省级统筹。即"健全初任法官由高级人民法院统一招录,一律在基层人民法院任职机制"[2],"推动建立省级以下地方法院法官统一由省级提名、管理并按法定程序任免的机制"[3]。这实际上是法院去地方化,保证司法独立的设计。对于法官遴选来说,统一将人事收归省级高院,也有利于增强遴选过程中的规范性,防止就遴选问题各地制定地方规则与标准,进而影响司法独立。

(3) 新增社会遴选机制。相比我国现有的传统遴选模式,在职业准入环节司法改革加入了社会遴选制度,即"完善将优秀律师、法律学者,以及在立法、检察、执法等部门任职的专业法律人

---

[1] 《最高人民法院关于全面深化人民法院改革的意见——人民法院第四个五年改革纲要(2014—2018)》第50条。
[2] 同上。
[3] 同上书,第54条。

才选任为法官的制度"①。这种类似美国的多元化遴选机制，为提高法官质量带来了益处。在实际运行中，已有通过该机制入额法官的律师。②

(4) 实行法院人员分类管理和法官员额制。③ 即建立不同于一般公务员的法官单独职务序列，将法院工作人员区分为法官、审判辅助人员、司法行政人员三大类。法官在法院工作人员中占比不得超过39%（上海为不超过33%）。相较之前法院一大半的工作人员都是法官，在分类管理和员额制下，法官助理入额法官的机会与难度均大大增加，这在一定程度上满足了法官精英化遴选的要求。

(5) 设计不同层级法院的特殊遴选条件，建立逐级遴选机制。即"针对不同层级的法院，设置不同的法官任职条件"；"建立上级法院法官原则上从下一级法院遴选产生的工作机制"。④ 从法官纵向遴选的角度来说，现行的法官遴选制度的弊病之一，即缺乏常态化规范化的逐级遴选机制。这本身使得法官正常的流动不畅，抑制了基层法院法官的工作积极性，也难以保证基层法院优秀人才被选拔进入上一级法院发挥其能力。根据不同级别法院设置的任职条件，建立逐级遴选机制，能够一定程度上解决上述弊端，实现了人尽其才。健康的法官纵向流动，有利于实现优秀法官资源的优化配置，进而实现司法资源最大化，提高各级法院的司法质量。

总体上看，司法改革思路下的法官遴选制度吸取了国外的有

---

① 《最高人民法院关于全面深化人民法院改革的意见——人民法院第四个五年改革纲要(2014—2018)》第50条。

② 参见《知名大律师拟弃高薪当法官 网传其年薪超千万》，http://news.sohu.com/20150702/n416020036.shtml，访问日期：2016年8月12日。

③ 参见《最高人民法院关于全面深化人民法院改革的意见——人民法院第四个五年改革纲要(2014—2018)》第48—49条。

④ 同上书，第50条。

益经验,针对现行法官遴选制度中存在的弊端进行了回应和制度性安排,有一定积极意义。不过,从目前来看,司法改革中的法官遴选制度还存在以下问题:

(1) 遴选出的法官可能仅是法律共同体中最想就业,而非最优秀的。法官职业吸引力日益降低,对优秀人才的吸引力有限。无论是现行的法官遴选,还是本次司法改革中的法官遴选,都没有考虑这一根本性问题。即无论设计怎样的遴选制度,提多少遴选的高标准,没有足够的职业吸引力,没有足够数量的优秀人才愿意进入法官队伍,都将会使法官遴选制度提升法官素质和质量的目标落空。法官及法官助理工资待遇过低,年龄提升幅度不明确的缺陷导致优秀法律人才并不一定愿意进入法院系统。

在实行市场经济的当下中国,受大城市房价高涨的影响,经济因素往往成为优秀人才择业的首选因素。多数法学院的精英毕业生们往往将自己的职业选择朝向能获得足够高薪和晋升职业前景的律所和外企。相比之下,法院不高不低的工资和略显"官僚化"的行政体制,对优秀人才缺乏魅力。法官缺少明朗的职业前景,使得优秀人才往往不会首选法院。

这使得最终的结果是,每年报考法院的公务员考试人数虽然居高不下,但是报考的毕业生,多数是职业选择单一,面临一定就业压力,或者想取得大城市户口的毕业生,而不是那些有足够职业选择,法律专业及其他方面能力优秀的群体。这样遴选出的法官,只能是报考群体中相对优秀的人,而不是司法改革本意所希望的法律精英人群。这也使得法官精英化只能走向相对化和难以落实。

(2) 法官员额制下,落后地区法院无人可用和发达地区法官及法官后备人才流失的现象无法得到遏制。中国幅员广阔,地区差异明显。按司法改革后的标准,有大量县级人民法院无法招录满足够的法官入额,这会使得这些地区的司法质量提升进程缓慢,甚至面临无人可用的尴尬境地;而在发达地区,已入额法官流失现象突出。"案多钱少",缺少职业尊荣感,成为流失主因。这一趋势还蔓延到了法官后备人才,即司法改革下的法官助理。

由于此次改革仅单独考虑法官,未考虑法官助理等其他人员待遇晋升的配套规划。改革的配套性、系统性不足。一方面,我们需要法官助理积累足够经验及工作年限方能入额法官;另一方面,法官助理的待遇水平及增长速度比不上同年龄段的其他公务员,加之即便完成7年法官助理经验积累期,获得了参加遴选的资格,也面临着排队的前辈或历史遗留的特殊人群,甚至还包括经社会遴选的资深律师、学者和自己竞争抢占不足39%的员额。法官助理成为法官的职业前景暗淡,缺乏职业预期,加之工作琐碎繁杂,工作量大,待遇低,最终造成青年法官后备人才的流失。

(3) 法官遴选委员会的组成与设置还有待改善。以上海为例,10名委员中,有6名学者、3名官员(人大、纪检、公安系统各1名),而仅有1名律师。在4名副主任之中,有2名来自法官、检察官,1名来自政法委,1名来自组织部。① 从这份名单来看,突出问题是作为司法审判的核心参与力量的律师和法官数量偏少,会使得在法官遴选过程中遴选角度的侧重发生偏差。除此之外,遴选委员会设置在高院,可能会导致高院权力过大,加之目前希望省级统筹,使高院有对下级法院变成实际的领导关系的风险。

(4) 仍然未解决"专业遴选"的问题。所谓"专业遴选",即按照案件类型分类,根据不同案件遴选该法律领域的专业审判法官。司法改革背景下的遴选制度,从准入角度来看,没有设置有专业针对性的公务员考试及司法考试制度,也就是说最初入编的

---

① 参见《上海市法官、检察官遴选(惩戒)委员会人员名单》,http://www.shjcw.gov.cn/node2/zzb/shzfzz2013/tt/u1ai699113.html,访问日期:2016年8月15日。

法律后备人才中,多数为"通才",缺乏"专才"。从一开始就没有注意法院内部各法律审判业务类型的专业分工,挑选和培养各审判庭所需要的符合各审判庭案件特点的专业类后备人才。

从遴选机制来看,回看法官遴选委员会的组成与设置,同样缺乏此类"专业性"构成。即未区分入额法官所属专业审判庭,"一刀切"地选拔,加之遴选委员会的构成也不能体现审判业务分类的专业化背景,缺乏针对性,使得遴选仍然是"通才遴选"。被遴选出的法官还是缺少适应审判专业分工下的特殊知识与经验。

考虑到司法改革正在进行中,上述问题和弊病仍然存在解决和完善的空间,应当及时重视和解决以下问题:

(一)法官待遇及福利

为了能够吸引足够数量的优秀人才加入法官队伍,司法改革后的法官待遇仍然需要适当提升。现有制度对于法官的工资待遇以法官级别比照行政级别确定;司法改革下认识到了需要提高法官待遇,即"完善法官工资制度。落实法官法规定,研究建立与法官单独职务序列配套的工资制度"[①]。不过,工资待遇提高并不明显,甚至有明升暗降的现象,与法官员额减少后的工作量不成正比。以上海地区为例,以前区县法院法官除了享有市一级财政的拨款与补贴外,还能享受到区县财政的支持。然而,目前的司法改革中,财权统一收归省级,原先能享受到的区县财政的支持已不复存在。未来实际到手的工资比改革前变少了。所谓单独职务序列的工资制度目前仍未建立,法官待遇提升幅度不大。所以,提升法官待遇,并且体现法院法官待遇的优越性,是吸引更多优秀人才的重要途径。

---

① 《最高人民法院关于全面深化人民法院改革的意见——人民法院第四个五年改革纲要(2014—2018)》第53条。

(二) 建立法官助理等其他人员待遇晋升的配套制度

在保证法官待遇优于一般公务员的基础上,倾斜照顾法官助理等"准法官"人群。具体来看,在法院内部,法官助理的薪资待遇应高于法院技术及行政、党务工作人员;而在法院外部,法官助理的薪资待遇应该高于同级行政机关公务员。让法官助理的工资待遇与工作年限、办事能力以及专业能力挂钩,建立一定幅度的浮动薪资制度;同时在改革前期,每年限定相当的工资晋升比例,保障法官助理升任法官的空间。

(三) 法官遴选委员会应提升律师、法官、检察官成员的比例

关注审判工作中核心参与角色的意见,增加其评选打分的权重。例如,加拿大的法官遴选机构司法咨询委员会共8名委员,其中就有4人为律师和法官、检察官。而律师的人数为2人,占比为25%。[①] 法官遴选委员会的设置应该放在省级人大为佳,既不违反我国的宪法制度,避免市区县一级可能会出现的地方主义影响,同时也避免将法官委员会设置在政法委或者高院引起的对下级法院法官遴选的干涉,保证法官人选的独立性。

三、涉外民商事法官的遴选

法官的工作具有专业针对性。如刑庭的法官必须擅长刑法领域的法律适用,而民庭的法官则必须擅长处理一般人身关系及财产交易领域的法律问题。在法院内部的这种专业分工是合理和必要的。既然法官最终需要进入不同专业领域从事专业类审判工作,那么理应在遴选之初就重视法官的这种"专业化分工",即注重"专业遴选"。

一般法官遴选制度是"专业遴选"的基础制度。一般法官遴

[①] 参见杨小利:《加拿大法官遴选程序的结构及运行》,载《人民法院报》2015年10月16日第8版。

选制度的完善,目标是司法改革过程中的去行政化和去地方化,走法官精英化道路,其开展的好坏与否,可直接影响涉外民商事案件的法官遴选。作为基础筛选,其需要为涉外民商事案件法官的遴选提供相比改革之前综合素质更高的备选法官人才。然而,以往法官产生机制及正在司法改革过程中的法官遴选制度均忽视了"专业遴选"的重要性,这使得新入额的法官在进入主导审判业务之初无法掌握不同审判业务类型的要点,也就难以恰当地完成其法官工作。

从目前最高法院遴选法官的情况看,略微好于地方法院。以2015年最高人民法院公告情况看,最高人民法院在公告中不仅提出了需要公开招聘的法官数额,而且指出了具体岗位。在8名审判员中刑事法官5名、民事与行政3名。① 从录取公示的候选人情况看,也基本达到了专业要求。所公示的候选人基本都在下级法院从事相应审判工作多年,并具有高学历。② 不过,仔细看候选人的基本简历,却发现大多只是"基本符合"入选范围条件。作为最高人民法院从事最后裁判的一线审判员,应当具备在刑事、民事或行政审判领域卓越的专业背景和丰富的审判经验,然而,这些专业素养要求在大多候选人的背景资料中却看不出来,至多只是具有相关的从业经历!

地方法官遴选则更难体现专业特色。以上海市为例,在2015年的法官、检察官遴选中,一次表决通过了405名审判员、217名检察员。③ 虽然也经过了陈述答辩程序,但同样组成人员的遴选

---

① 参见《最高人民法院2015年公开遴选法官公告》,http://www.court.gov.cn/zixun-xiangqing-14306.html,访问日期:2016年8月17日。

② 参见《最高人民法院2015年公开遴选法官人选公告》,http://www.court.gov.cn/zixun-xiangqing-15830.html,访问日期:2016年8月17日。

③ 参见《上海首次遴选晋升法官检察官 将为全国提供经验》,http://news.cnfol.com/diqucaijing/20150323/20380404.shtml,访问日期:2016年8月17日。

委员会何以能够甄别不同类型法官人选？这样的遴选，从社会整体角度看，相对于其他非法律专业而言，似乎体现了选拔法官的法律专业性要求，但就不同审判岗位而言，同一委员会组成成员、同一程序和同一考核内容如何能够体现不同法律专业的素质要求和专业审判水平要求？很显然，当前的法官遴选仍然是在选拔"法律通才"，而非"专才"。

现实中各级、各地的法官遴选委员会本身组成就缺乏专业性。结构中体现党的领导和人事考核是必要的，但除去这些当然构成人员，剩下的法律界组成人员不过是法律界"名望人士"的集合，而非具体法律专业考核者的集中。由此，委员会运作中只能对候选人的法律工作经历和业绩进行资格准入的考察，而不是专业鉴定。这些委员对候选人的以往工作并不熟悉和了解，也无能力凭借一次性的面试作出准确的判断。当前法官检察官遴选委员会工作机制，更像是一次性会议，而非常态的日常工作形态。每年一度的报名申请、组织部门的书面材料审核、同时集体面试的答辩等，这些看起来公开、公平、公正的选拔机制忽视了对候选人专业工作经验和以往业绩的细致考察。

相对地，英国专业法官的遴选机制有一定可借鉴之处。每年度，首席大法官会根据全国法官缺额的人数、专业领域情况向律师公会提出法官需求。律师个人和同行可以自荐和推荐，提交证明专业能力和资格的材料。律师公会将候选人情况向全体律师公告，律师们则根据自己了解的情况对候选人提出自己的看法或异议。例如，一个申请成为海商法律专业的法官，会得到海事律师事务所同行对其业务水平、职业操守和工作态度的评价。从这个角度看，将法官的专业水平和能力交由同行普遍评议才是最恰当的。例如，对于刑事法官，可以交由检察官和刑事律师考评其业务能力；民商事法官和行政专业法官则交由相应的律师同行考评。在遴选委员会下设立专业遴选小组，从事常态化的考察；不仅要公示已经考察合格的候选人，还要提前公示申请者；不仅泛泛地向社会公布，而且要着重向相应同行公布。这样，才能保障法官遴选的质量和效果。

为了能在一般法官遴选制度下更好地实现"专业遴选"，突出涉外民商事案件法官遴选的特殊性，可以考虑采取以下改革措施：

（1）在选拔法官后备人才时，即公务员考试时，设计一般法律通识类考题，但每一法律领域均包含一些难题，根据入编的后备法官的各学科成绩占比，根据其擅长理论确定其大致的专业方向。对拥有较强语言能力和涉外法律知识的后备人才可以重点关注，也就是在第一次专业分工时，从中选拔出有能力胜任不同专业领域，包括这一专业领域的涉外法律问题的"专业后备人才"，完成第一次"专业遴选"，形成后备人才库。第一次"专业遴选"可以偏重考察理论知识。

（2）在法官入额遴选考试方面，笔试和面试可以根据法官助理的报考意向和其在实际工作中所擅长的法律领域进行统一和分类测试。在笔试环节统一命题，面试环节突出特殊性。对于在第一次"专业遴选"中具有某领域专长，又在实际工作中积累了该领域足够经验的法官助理设计专业化测试，完成第二次"专业遴选"。第二次"专业遴选"可以偏重考察法律实务技能。

（3）增加拥有较强涉外法律理论或实务处理工作能力的涉外律师、学者的社会遴选比例。由于涉外案件的复杂性以及高素质法律人才的稀缺性，有必要在法官遴选过程中，适当提高对于高端涉外法律人才，如涉外律师、法律学者的社会遴选比例，作为常规法官遴选的补充。

（4）在逐级遴选方面，在上下级遴选的基础上增强区域间的调动。面向不同地区的下级法院挑选业务能力优秀、经验丰富的法官人才,实现擅长涉外民商事案件法官的良性流动。通过这种法官流动带去流动培训,为欠发达地区的涉外民商事法官的培养提供支持。

(5)在工作经验方面,专业遴选强调具有足够年限的涉外民商事法律工作从业经验。

(6)法官比例方面,在上海等发达地区,同时也是涉外案件较多的地区,可以比一般案件的员额比例再低一些。法官要精英化,对于能够处理涉外案件的法官的要求理应更高。把节省下的员额比例的财政支出补贴给涉外案件的入额法官,使付出与回报相适应。

(7)在遴选委员会组成方面,应该针对涉外民商事案件的特殊性,选择涉外民商事审判领域的资深律师、法官与学者作为遴选专业委员参与遴选工作。

(8)在预备法官培训制度上,应该注重涉外民商事预备法官的培训质量与培训时间。制订专业培训计划,进行针对性的培训,还可以请境外的法律学者或实务工作者参与到专业性培训工作中来。

第二节 涉外法官职业培训与后续教育

虽然法官遴选制度可以在法官入职门槛上保证法官的基本质量,但并不能保证法官在长期工作中不断提高业务素质和水平,还需要加强法官的后期职业培训,以提高法官队伍的专业审判水平。另外,我国幅员辽阔,各地区之间经济发展不平衡导致各地法院受理涉外案件的数量、类型都不一样。例如,北京、上海、广州等城市以及沿海地区经济比较发达,外资企业比较多。

这些地方的法院每年受理涉外案件的数量都在增加,涉外案件的类型也很丰富。法官的涉外审判经验相对丰富一些,涉外案件处理的质量总体上也高于经济落后地区的法官。即便如此,如果没有专业化的涉外审判业务培训,我国涉外法官的整体业务水平仍然难以得到制度性的保障。需要针对涉外审判实践需要,进行专门培训和后续教育。

一、我国法官培训制度的历史与现状

20世纪50年代到80年代初,我国的法官队伍是一支没有受过正规法律教育的队伍。前期主要由中华人民共和国成立初期的工农干部组成,其中绝大部分是军转干部;后期则主要是军转干部。法院审判队伍基本上没有接受系统的业务培训。工作期间的教育主要以政治思想教育为主。我国的法官教育培训事业兴起于20世纪80年代中、后期,当时法官大多未受过正规法学教育,法官队伍数量庞大、人员结构复杂、学历偏低、整体素质不高,司法专业化水平较低,严重制约着审判工作的进一步发展。为了尽快改变当时审判队伍文化水平、专业知识低的状况,最高人民法院经有关部门批准,决定创办全国法院干部业余法律大学,简称"法律业大",教师以本系统一批既有理论水平又有丰富实践经验的干部包括退居二三线的老干部为主,聘请一部分大学的讲师、教授,结合起来进行教学。不过,这一时期的培训主要以学历培训为主。

1988年2月,最高人民法院成立了中国高级法官培训中心,委托北京大学和中国人民大学每年开设两个高级法官班,并招收了一批法院系统定向培养的研究生。1995年颁布的《法官法》对法院审判队伍的政治素质、业务素质提出了更高的要求,对法官进行教育培训也作出明确规定。1997年11月10日,在全国法院干部业余法律大学(1985—2001年)和中国高级法官培训中心(1988—1997年)的基础上成立了国家法官学院,标志着法官教育培训事业进一步朝着科学化、制度化、规模化方向发展,预示着法官教育培训工作进入一个崭新的发展阶段。为了充分发挥国家法官学院的培训作用,之后,经最高人民法院批准,先后在一些省、直辖市高级人民法院设立了国家法官学院分院。2000年,最高人民法院召开了全国法院教育培训工作会议,全面布置和规划了全国法院教育培训工作,制定了《2001—2005年全国法院干部教育培训规划》和通过了《法官培训条例》,规范了培训内容和种类,建立了培训制度和体制,使法官培训工作纳入了科学化、制度化、规范化的发展轨道。2001年,最高人民法院又召开了全国法院教育培训改革与发展战略研讨会,确立了今后一个时期全国法院教育培训工作的指导思想和发展目标,提出法官培训工作要实现战略性的"三个转变",即从学历教育为主向岗位培训为主转变,从应急性、临时性的法官培训为主向系统化、规范化的法官培训为主转变,从普及性培训为主向职业化、精英化培训为主转变。法官培训无论在培训类型、培训规模、培训内容、培训方式、培训质量等方面都有了很大的发展,推动了法官职业化的进程。2008年,我国法官培训机构改革了法官教育培训方式,创办了中国法官培训网,在全国法院实施了远程网络教育培训。

　　按照最高人民法院颁布的《法官培训条例》,我国目前的法官培训的种类可以分为预备法官培训、任职培训、晋级培训和续职培训。即拟任法官的人员,须接受预备法官培训;初任法院院长、副院长,须接受任职培训;晋升高级法官,须接受晋级培训;法官履职期间,须接受续职培训。法官培训的原则性要求是注重法官的职业道德素质和业务素质教育,提高法官庭审驾驭能力、诉讼调解能力、法律适用能力和裁判文书制作能力;包括:预备法官培训应注重岗位规范、职业道德和审判实务的培训,培训时间不少于一年;任职培训,要按照岗位规范要求,进行以提高履行岗位职责必备的管理与业务能力为主要内容的培训,培训时间不少于一个半月;晋级培训应注重高级法官履行岗位职责必备的知识和技能的培训,培训时间不少于一个月;续职培训应注重所在岗位专业知识更新的培训和审判业务技能提高的培训,法官每年接受续职培训的时间累计不少于半个月。

目前,法官培训主要采取在职离岗集中培训的方式,也采取分段培训、累计学时的方式。同时,也在推广和运用远程教育等方式,以提高法官教育培训的质量和效率,并在一定程度上按照国家有关规定选派法官出国进修,或邀请国外法学专家、教授和法官来国内做专题讲座。①

二、我国的法官培训制度中存在的问题

我国的法官培训可以大体上分为两类:预备法官培训和在职法官培训。虽然自20世纪80年代起,我国一直对法官的教育培训十分重视,而且在提高法官素质方面也取得了不少的成绩,但是我国当今的法官教育培训机制由于发展历史短和社会各方面的限制,还在很多方面存在缺陷和不足。法官培训制度可以视作法官专业能力的再教育、再学习的过程,其重要性不言而喻。然而,相对于专业化分工对高素质法官队伍的要求而言,现有法官培训教育制度的缺陷也是明显的。

(一)培训没有突出专业化分工需求

以国家法官学院为例,其在为期一个半月的第21期预备法官培训班中设置的课程分为四个大单元,即以政治理论教育和法

---

① 参见《法官培训条例》第2条、第14—18条。

官职业伦理以及综合业务技能为内容的综合知识与素养单元;以行政审判理论与实务、行政案件审理流程及相关案例分析讨论为内容的行政审判业务单元;以民商事审判理念、审判思维和审判方法、民商事法律具体适用及公司诉讼的疑难案件分析为内容的民商事审判业务单元;以刑事审判理论与实务部分、刑事审判技能为内容的刑事审判业务单元。[①]

从该课程可以看出,初任法官培训的课程设置具有全面性的特点,几乎每一法律领域的培训都会有所涉及,但重点并不突出,而且第22期预备法官培训班的课程内容与第21期几乎一致[②],即培训内容多重复。总体上看,现行国家法官学院和地方法官学院的培训中,仍然是法律通识教育,不能够适度进行专业化介绍。

培训内容难以适应多元化需求。由于学员人数众多,其所处的法院、庭室不同因而会有不同的培训需求。长期从事婚姻家庭案件审理的学员可能更渴望学习关于这方面的审判经验及新的法律知识,尤其是这个领域涉外案件的审判经验与技巧;而知识产权庭的学员则希望掌握知识产权方面的前沿法律知识等。时间有限、集中统一的授课模式显然难以同时满足多样需求,无法培养专业化的高水平法官队伍。

(二)培训模式过于传统与僵化

法官培训的模式仍以集中培训为主,老师授课,学生问答。"满堂灌"为其主要教学方式,忽视了法官教育培训的对象是法官(大多具有审判实践经验),难以突出教育内容的职业性和实践性。这种传统的培训模式,仍然带有浓厚的学历课堂教育色彩。专业课程的授课内容,也多是对不同业务庭室基本办案操作流程

---

① 资料来源:http://njc.chinacourt.org/article/detail/2014/11/id/1478494.shtml,访问日期:2016年8月12日。

② 资料来源:http://njc.chinacourt.org/article/detail/2014/11/id/1478814.shtml,访问日期:2016年8月12日。

的知识普及，在突出重点难点的方面讲解不足。对于法官的庭审驾驭能力、法律适用能力和裁判文书写作能力的针对性提升不明显。

传统灌输式培训因其授课形式与内容的局限性，不能有效解决实际问题，已无法满足广大学员的培训需求。这种培训模式的滞后性也影响了学员的培训热情。长时间的灌输式授课不能充分调动学员的主动性、积极性，师生互动性差，易使学员产生听课疲劳，影响培训实效。

除了国家法官学院与发达地区法官学院外，其余地方法官学院均面临师资薄弱的问题。由于老师多为大学教师兼任且更换率高，无论是在地方法官学院学习还是在国家法官学院学习，都面临培训不深入、不系统，老师观点会有所冲突或者不贴近现实的问题。这就是在老师选任时缺乏整体规划与安排所致。

在德国法官学院培训教学中，老师并不是照本宣科，而是自由地讲授。培训班的授课老师由法官学院负责组织，大多数由法官担任，也有一部分检察官、大学教授、律师及其他领域的专家参与。德国法官教育培训机制的特点则在于教育培训的业余性和终身性，教育培训的费用由联邦和各州共同负担。对德国的法官而言，进修和培训是法官的终生任务。法官在德国法官学院的在职培训被称为"再培训"，法官参加"再培训"是绝对自愿的，必须是利用业余时间进行。

在日本，法官培训教育基本上是由司法研修所来完成的。法官培训没有规定的、统一的课程，也没有统一的教材，由负责这方面工作的法官根据来自审判实际的要求加以确定。司法研修所在对教师的选配上有严格的资格要求，一般要具备15年至30年的审判、检察或律师工作经历的法官、检察官、律师，才有可能被任命为教官。大体上，能为法官培训授课的，肯定是有丰富经验的法官。大学的法学教授并不是法官培训的师资主力。

（三）忽视西部欠发达地区涉外法官的特殊培养

西部地区本身缺乏职业吸引力，引进人才比不上自己培养人才。也就是说，法官培训，无论是职前、职中都对于西部地区法官素质提高、司法质量提升具有重要作用。加之西部地区多为少数民族地区，所需要的法官培训制度有其特殊性，现有培训制度欠缺对西部少数民族地区的特殊针对性培养方案。现有法官培训制度仅进行在职、在岗的课堂式教育，不能满足针对西部欠发达地区涉外法官培养的特殊要求，需要专门设计。例如，抽调欠发达地区涉外法官到沿海发达地区挂职锻炼一年以上，使其充分认识涉外商业经济发展的实践状况，理解涉外商事审判理念对于实际裁判的重要性。

涉外案件的审理相对国内案件的审理而言，需要法官掌握的法律知识更多，审判程序也会更繁杂一些。首先需要法官判断对案件是否有管辖权，有的时候还要求法官知悉国外的法律制度。一些欠发达地区由于涉外案件的数量较少，类型比较单一，在涉外案件的审理方面经验较少。在这种情况下，安排欠发达地区的法官到发达地区法院实习和锻炼，学习发达地区法官审判同一类型案件的审判技巧，是积累审判经验的一个重要途径，而现有法官培训制度无法提升欠发达地区法官的涉外审判能力。

三、针对涉外法官后续教育的相关建议

（一）增加法官培训制度对涉外民商事法官培养的针对性

根据涉外民商事法官的特点，对于有涉外法律专业特长的预备法官开展针对性培训。不仅注重国内法问题的讲解与研究，还要重视比较法之间，尤其是与我国经济往来频繁的美国、欧盟等国家和地区的法律制度研究。

培养这部分法官时可以重点聘请国内一流专家和外国法律工作者。实际培训时，可对在实务中产生的最新问题进行分析，并且建立灵活的授课机制，在培训中随时更换热点，保证对涉外民商事法官的培训具有前沿性和指导性。

（二）培训形式增加案例分析与讨论比例

鉴于涉外民商事案件具有一定复杂性和争议性，有时还会涉及国家利益问题，有必要针对这些模糊的部分进行充分探讨和交流。这不仅能提高预备法官或续职法官的专业性，还能帮助他们在交流过程中形成未来实务操作中的共识。同时以鲜活的案例对法理问题进行分析，相比传统问答，进行个案分析，更能体现裁判者特点，有助于涉外民商事法官的培养与成长。

（三）进行较多的实务操作

对于有潜力培养的预备法官或者在任的涉外民商事法官，有必要在法官培训过程中增加实务操作比例。对于预备法官来说，前往涉外案件多且复杂的地区法院实地实习，持续足够一段时间，能获得经验与见识；而对于在任的续职法官，给予更高难度、更复杂案件的庭审实训，对于其提升涉外审判技能会有所帮助。

（四）培训内容应重点清晰，考虑地区差异

涉外民商事案件的培训，应突出我国法律中涉外部分的理解与适用，并且考虑到地区差异，设置针对不同地区的涉外法官培训机制。例如，在上海，涉外商事争议的数量多和复杂程度较高，在培训时就该重点关注商事领域的涉外问题。而在西部边境地区，由于贸易往来不发达，可能涉及的涉外商事领域问题就不多，但是由于地理原因，跨国婚姻与涉外婚姻家庭争议却会发生。这时候针对这种情况，就应该在该地区的涉外民商事法官培训中将重点放在涉外婚姻家庭领域。

(五)应考虑到涉外民商事法官分布的分散性,进行专业领域国内法部分和涉外部分两方面的培训

地方法院并未设置专门的涉外民商事案件审判庭,也不可能设置。原因在于在民商事领域的诸多法律争议中,任何一种法律争议都有可能加入涉外因素,如当事人、标的物或者权利义务的涉外性而带有涉外因素。这就给法官培训带来困难。

所以,针对涉外民商事法官的培训,首先要进行其专业领域国内部分的培训,即审理涉外婚姻案件的法官,首先要进行婚姻法律争议解决的培训,再进行涉外部分法律争议的培训。

(六)涉外民商事法官培训制度和"专业遴选"制度相结合

接受培训的法官,是经专业遴选出,拥有涉外案件审判潜力或能力的预备法官,或者是处理国内民商事法律争议有足够经验和能力的法官,再进行深入的符合涉外案件特点的培训;而经过专业遴选的预备法官,也是在第一次专业遴选后,根据初步专业化分工,适合从事涉外民商事案件审判的准法官,接受相应的专业化涉外民商事案件的法官培训,并最终通过法官培训,经第二次专业遴选合格后的专业性涉外民商事法官。

由于目前司法改革正在推行中,我们也能看到司法改革对于法官培养的改革方向,即"完善法官在职培训机制。严格以实际需求为导向,坚持分类、分级、全员培训,着力提升法官的庭审驾驭能力、法律适用能力和裁判文书写作能力。改进法官教育培训的计划生成、组织调训、跟踪管理和质量评估机制,健全教学师资库、案例库、精品课件库。加强法官培训机构和现场教学基地建设。建立中国法官教育培训网,依托信息化手段,大力推广网络教学,实现精品教学课件由法院人员免费在线共享。大力加强基

层人民法院法官和少数民族双语法官的培训工作"[①],即专业化、实务化、精品化的法官培训制度呼之欲出。通过此次改革,关注和重视到类似于涉外民商事法官的培养这类分类专业化培养制度,对于深化司法改革,提升司法质量,帮助法官个人通过再教育提升自我素质有重要意义。

第三节　涉外法官队伍的稳定性与裁判水平

法官职业队伍的稳定与有序晋升是法官队伍质量保证的重要一环。司法裁判水平不仅仅取决于法官入职前的法学学历教育,还在于专业经验的积累和业务素养的培养。受学历教育中课程设置的影响和限制,法官承办涉外民商事案件的水平更多地源于审判工作中的后续教育和实践经验的积累。保持涉外法官队伍的稳定对于优化涉外民商事审判机制具有重要意义。涉外法官队伍的稳定与以下几个因素有关:一是涉外法官的业绩考核与待遇是否影响其从事涉外审判工作的积极性;二是涉外法官晋升通道是否顺畅。如果在这些方面还存在制度性的障碍,势必影响涉外法官的工作积极性。

一、涉外法官队伍的业绩考核

目前,我国法官业绩考核的主要指标是量化工作任务完成情况。每年办理案件数量的多少是评价一个法官是否优秀的主要指标之一,至于所承办案件的难度与审判质量则因很难考评而不被重视。涉外民商事案件本身具有跨国因素,或许案件事实并不复杂,但存在取证难、送达难、外国法查明难、当庭调解难等多方

[①] 《最高人民法院关于全面深化人民法院改革的意见——人民法院第四个五年改革纲要(2014—2018)》第52条。

面的困难。在单纯追求结案率的背景下,涉外民商事案件成为"烫手山芋"。一般法官会存在畏难情绪而回避涉外民商事案件的办理。

(一)涉外民商事案件的审理期限与结案率

从《民事诉讼法》的规定看,与一般国内民事案件不同,审理涉外民事案件无期限限制。如果案情复杂,一审超过6个月、9个月才审结是没有问题的。① 不过,这只是诉讼法的条文规定,与法官个人的业绩考核并不挂钩。在法院内部的年度考核中,法官每年办理案件数量和结案数量仍然是考核法官当年工作完成情况的重要指标。如果一个法官手里涉外案件数量比较多,势必会影响到年终统计的结案率。这虽然不会涉及办案能力与质量,但却会影响到该法官能否被评为优秀,能否顺利拿到年终奖励。因此,涉外案件成为法官手里的"烫手山芋"是可以想象的。

涉外案件之所以审理期限较长,主要受到送达、取证和外国法查明等方面的困扰。涉外案件的当事人通常不在同一个国家居住。当需要向居住在境外的当事人送达诉讼文书时,面临送达期限、能否顺利送达等客观因素的制约。许多案件的国内一方当事人往往只了解另一方当事人的国籍或者居住的城市,却不一定知道对方具体的通信地址。邮寄送达的时间也比较长,因而开庭审理的通知往往需要提前很长时间寄出。另外,国外当事人也会因不能及时取得签证而要求延期开庭。

同时,在境外一方当事人缺席开庭的情况下,法院对于案件事实的查明就困难得多。对于单方面提供的证据材料,法院往往

---

① 我国《民事诉讼法》第149条规定:"人民法院适用普通程序审理的案件,应当在立案之日起六个月内审结。有特殊情况需要延长的,由本院院长批准,可以延长六个月;还需要延长的,报请上级人民法院批准。"第176条规定,二审审理期限为3个月。对于涉外民事案件,《民事诉讼法》第270条规定:"人民法院审理涉外民事案件的期间,不受本法第一百四十九条、第一百七十六条规定的限制。"

需要花更多的时间去核实。另外,对于在境外发生的事实,法院也面临查证核实困难的问题。虽然有《关于从国外调取民事或商事证据的公约》这样的国际条约,但一方面加入该公约的成员国并不多,另一方面委托协助调查取证不仅周期长,实践效果也不理想。① 除此之外,对于从国外提供的文书,法院常常需要核实该文书的真实性,因而涉及外国公文的认证问题,目前我国还没有加入海牙《关于取消要求外国公文文书认证的公约》(Convention Abolishing the Requirement of Legalisation for Foreign Public Documents)。② 由于涉及当事人主体资格和法律事实的很多证据材料需要使领馆认证,也会占用大量审理期限。

外国法的查明同样是影响审理期限的重要因素。虽然《涉外民事关系法律适用法》明确了"当事人协议选择外国法的,由当事人负责提供",看似可以减轻法院查明外国法的困难,但实践中只有少数涉外合同纠纷案件才存在当事人约定法律适用的现象,大量涉外婚姻家庭继承案件中没有协议适用外国法的约定,需要由法院主动查明。同时,审理涉外婚姻家庭继承纠纷案由基层法院管辖,而基层法院受理的案件数量巨大,法官常常处于超负荷运转中,根本无暇顾及外国法的查明制度,因而也就有了为了回避外国法查明,而忽视国际私法,有意选择适用中国实体法进行审理的客观现象。③

(二)调解率与结案效果评价

在传统观念里,普通民事纠纷被看作"人民内部矛盾"。作为

---

① 我国于1997年7月加入海牙《关于从国外调取民事或商事证据的公约》,目前该公约有67个成员国或地区。

② 海牙《关于取消要求外国公文文书认证的公约》于1965年生效,目前有90多个国家和地区加入。公约适用于我国香港和澳门特别行政区,但不适用于我国内地。

③ 在由黄进教授主持的每年一度的《中国国际私法实践状况述评》报告中,可以看到,在我国实际处理的涉外民商事案件中,存在大量本应该依照冲突规范适用外国法,而司法实践却有意适用中国法的现象。

维稳和舒缓人民内部矛盾的需要，基层法院往往承担了大量消化民事矛盾的工作。民事案件的调解率也成为考核法官是否优秀的一项重要指标。虽然近年来，对办案调解率指标已经有所淡化，但在基层法院层面，调解率仍然起着重要作用。

对于纯国内案件而言，调解固然很难，但至少法官还能够将双方当事人召集到一起尝试调解的可能。涉外案件则不同，涉外案件的当事人可能不在同一国家居住。国外当事人一般也不专门回国参加庭审，往往是委托国内律师参与开庭。在这样的情况下，法官很难在双方律师之间进行沟通和调解，调解结案的可能性大大降低；而如果法官坚持尝试调解，则不得不尝试各种途径与国外当事人直接沟通，这当然会严重影响案件的审理期限。有时候，虽然这样做的结果是达成了调解，但却拖延了很长时间。

另外，受不同国家法律文化的影响，国外当事人也对我国法官在庭审后仍然主持调解感到不理解，因而需要法官花大量时间做解释工作。如前所言，虽然就个案而言，调解结案率不是涉外案件所必然追求的，但对于法官个人手中总体案件量而言，调解结案率仍然是评价一个法官维稳工作的指标。对于基层法院的法官来说，这或许不是上级法院所要求的，但调解结案与法院所在地的城市或地区的和谐社会建设却存在紧密联系。在当地政府的要求下，结案率会对法官个体产生制约性影响。

从目前法院内部业务庭的划分来看，从民一庭到民四庭，不论是房屋等不动产纠纷，还是经济合同纠纷、婚姻家庭继承纠纷，都存在涉外案件发生的可能性。各个业务庭都可能会处理涉外案件。除非明确涉外案件不纳入调解结案率的统计与考核，否则都会对处理涉外案件法官的个人业绩产生不利影响，使涉外法官产生回避和畏难情绪。

（三）审理难度与责任风险

涉外民商事案件的审理难度有时候并不在于案件本身法律

关系的复杂,或者说不在于对我国实体法理解和适用的难度,而在于需要按照国际私法的制度和规则进行处理,以满足程序公正和实体公正的要求。依照我国民事诉讼法的相关规定,对于一审裁判,当事人如果认为事实不清、证据不足,或者适用法律不当、裁判结果不当的,都可以上诉。① 这也就意味着,上级法院在进行二审时,需要审查是否存在以上情形。如果存在,那么上级法院在二审裁判时,就会撤销原判发回重审,或者直接改判。

处理涉外民商事案件与普通国内民事案件的不同之处在于,从案件管辖权到送达、取证、证据认定、法律适用方面都有一系列不同规定。这是其复杂性的重要表现,其中任何一个环节出错,都可能导致案件上诉后被发回重审或者改判。因此,发生错案的概率也就更高。受错案追究制的影响,法官在审理一审案件时,重心往往放在事实是否查清,是否违反法定诉讼程序上。从目前业务庭设置情况看,并没有一个专门的业务庭是处理涉外案件的。例如,一个基层法院的法官平时可能大量处理的都是普通的婚姻家庭继承纠纷,偶尔才会遇到涉外婚姻案件。在这种情况下,法官可能会忽视涉外婚姻案件在送达、取证和法律适用上与国内案件存在差异,仍然按照习惯的国内案件处理思维进行,这样就容易犯错。因此,在面对涉外民商事案件时,法官承办案件被列入错案的概率更大,责任风险更大。这也使得法官对于处理涉外案件存在畏难情绪。这种原因对于建设稳定的涉外法官队伍也产生了不利影响。

---

① 按照我国《民事诉讼法》第164条的规定,当事人只要对一审判决不服就可以上诉,而不论理由如何。二审法院在审理后,应当根据一审认定事实是否清楚、适用法律是否恰当、是否遗漏当事人或者违反法定程序作出不同处理。可见,我国的二审,仍然是全面审核一审判决的恰当性。

二、涉外法官的收入和待遇

与办案难度大、责任风险大、法律审判技术含量高的要求相比，涉外法官在收入和待遇上并不比一般法官强。与从事涉外实务的律师职业比较，更是差别巨大。这自然会影响到涉外法官队伍的稳定。

（一）涉外法官与涉外律师、涉外企业法务的比较

涉外法律业务一向是法律实务中的尖端，懂外语、懂涉外法律实务的人才不仅在法官队伍中极少，而且在律师队伍中也是处于顶端。能够处理涉外民商事业务的律师往往是国际化律师事务所的核心力量。

根据2006年国家发改委、司法部联合发布的《律师服务收费管理办法》的规定，律师服务施行政府指导价与市场调节价。[①] 代理诉讼案件按照政府指导价上下浮动调节；代理非诉讼业务则按照市场价。[②] 根据这个管理办法，各省市制定了具体的收费标准。以北京市为例，北京市发改委、北京市司法局联合下发的2016年《北京市律师服务收费管理办法》中规定，涉外案件可以按照国内收费标准的5倍收取律师费。如果一件普通继承案件按照财产标的收费为4万元的话，那么涉外继承案件可以收取20万元。至于非诉讼的合同谈判和法律文书起草等工作，则安全按照小时收费。每小时收费最高可达3000元人民币。

另外，大型国际化企业通过高额薪水吸引经验丰富的涉外法官到企业做法务。这些高级法务的年薪动辄几十万，甚至可以达到百万以上。而即使是最高人民法院的法官也不可能年薪超过20万元。这种巨大的反差势必影响到法官队伍的稳定性，尤其

[①] 参见《律师收费管理办法》第4条。
[②] 同上书，第5条。

是会对涉外法官队伍建设带来严重消极影响。

因此,如果仅仅从收入和待遇角度看,法官的工资收入完全不可能吸引涉外人才安心审判工作。如果再加上法官员额职数限制、错案追究制,以及晋升通道的狭窄,一个已经磨炼成熟、经验丰富的涉外法官不可能安心留在涉外审判岗位上。从近两年司法改革形势看,在改革过程中,已经出现发达地区的法院人才流失严重的问题。法院系统不得不用行政手段限制经验丰富的法官流出审判岗位。

(二)审判人员与法院内非审判人员的比较

为了打破行政级别对法官待遇的禁锢,最高人民法院在实行法官队伍改革进程中,已经考虑将法官的薪水和待遇与同级行政干部的待遇脱钩,实行略高于同级别行政干部的薪资标准。这固然是应当的,但这只是在对于法官与法院系统外的行政干部进行比较时有一定的积极意义,对于法院系统内部而言,改革后法官的工作量和责任风险与工资仍然不成比例。一个经验丰富的审判长的工资收入并不会比法院系统内的办公室主任、研究室主任、法警队长等的高,但工作的辛苦程度、工作量的压力和责任却要高很多。从上海市和北京市基层法院的调研情况看,上海各区法院的法官人均每年承办案件数量达到 200 件以上,浦东新区法院更是高达 300 件以上。在这样的形势下,仅仅高于同级公务员待遇 30% 的薪水收入完全不能起到稳定高素质法官队伍的作用。

在这种情形下,那些经验丰富、已经走上领导岗位的法官不得不根据自身年龄因素作出选择。年轻一点的法官可能会选择从非业务部门回到专职审判岗位,而 50 岁以上的法官则基于身体健康和晋升可能的各种考虑而选择留在非审判岗位上,导致现在法院审判队伍出现断层——极少数年富力强的法官带领一帮没有经验的法官助理奋战在审判第一线。高素质法官队伍的稳定建设形势堪忧!

三、涉外法官的职业晋升

按照我国的干部成长路线,往往需要多方面的锻炼和多种工作环境的经历作为晋升的硬件。这样不利于法官的专业化和保持稳定性。同时,在干部提拔的长期历史环境中,业务干部晋升通道非常狭窄。各地法院的"一把手"往往是外来的不懂审判业务的政务官员,副职领导干部才是业务法官可以晋升的地方。而在副职领导干部中,刑事法官更受到重视,有些还可以横向交流到纪检、公安、检察和政法委等部门。至于从事涉外民商事审判的法官,则很少有这样的机会,也很难向组织部门展示自己的业务能力和才华。对于涉外法官队伍而言,职业队伍的稳定性存在以下两个方面的障碍:

(一)业务庭变更与专业保证

目前,在国人的意识中,专业化分工还停留在比较粗线条的层面。例如,简单将法律专业与其他专业区分,还没有形成真正的专业意识。在法院系统内部,一个法官从民一庭调动到民二庭、民三庭或民四庭是很平常的事。当然,这往往是在提拔干部的情形下作出的横向调动,意在培养多面手,锻炼被提拔法官处理多方面民事案件的能力。不过,这种提拔要求与专业法官培养的目标却是背道而驰的。如果不是长期处理某类民事案件,法官很难形成专业审判意识,也很难感悟专业特性。

如此一来,法官的专业化分工也仅仅是粗线条的刑事、民事与行政划分。相对于庞大的民事纠纷,法官被塑造成无一不通的万能法官。可以说,正是我们在"专家"身份认识上存在的误区,导致缺乏真正的专家。例如,我们将专家与学者混同,错误地以为民法学家等同于专家。

(二) 上级法院涉外法官来源

另一个困扰专业法官队伍稳定的因素是各级法院中法官的内部培养与循环,让法官感到在专业化晋升方面缺乏荣誉感和成就感。到目前为止,全国法院系统还没有完全实现上级法院法官来源于下级法院法官的选拔。虽然有个别这种现象出现,但比例很低。上级法院的法官多数来源于内部选拔和晋升。例如,在高级人民法院中,从书记员到法官助理、从法官助理到审判员。很难想象,一个在高级法院从法官助理晋升上去的法官会比下级法院从事了几十年审判工作的法官在专业意识和水平上高出一个层次。

其实,在早期的法院系统中,最高人民法院的法官是来源于各省高级人民法院的。后来在文凭要求形势下,最高人民法院一度中断了这种从省高级人民法院选拔业务素质高的法官到最高人民法院的晋升办法。最高人民法院和各省高级人民法院更加注重法学博士和硕士学历的毕业生进入法官队伍,通过培养锻炼而直接从事审判工作。这种办法在一定特殊历史时期或许是可行的,但主要通过此种办法产生高一级法院法官则阻断了下级法院法官的晋升之路,更阻断了专业经验丰富的高级专业法官的形成之路。

在法院系统内部,另一个晋升通道是从研究室的研究人员踏上领导岗位。当然,具有一定研究水平对于从事审判业务工作是有积极意义的,但如果以为文章写得好案件审判质量就高却是错误的认识。过分看重文凭、过分看重写作能力是专业化法官队伍难以保持有序成长的障碍。

因此,只有建立起一系列保障涉外法官职业队伍稳定性的机制,才能保证涉外审判队伍整体水平的提高。

第二章
立法、司法解释与案例指导制度

在涉外司法环境建设中,涉外立法质量也是影响涉外司法质量的基础一环。如果立法质量不高,或者立法严重滞后,势必会加大司法解释的负担,导致司法解释的质量也受到影响,并且因不断变化而缺乏稳定性。就案例指导而言,目前还没有发挥出应有的积极作用。

第一节　现行涉外立法质量状况

从我国涉外立法现状看,还存在很多影响涉外审判质量的问题。这些问题不解决,仅仅依靠司法审判本身难以保障案件裁判的效果。

一、立法规范缺乏可操作性

目前存在的问题之一是立法者对立法技术不够重视,导致一些法律规范缺乏可操作性。

(一) *法的规范不完整,只有行为模式,没有后果模式*

一些立法条文只具有宣示性,无法兑现这些规范的授权性、鼓励性规定,也无法处罚触犯这些规范的命令性、禁止性规定的行为。很多法律规范仅具有政治宣言内容,却欠缺法律上权利义务等方面的构成要件,也欠缺法律效果方面的规定,因此在实践上很难得到适用。这种情况在《民法通则》和《物权法》关于财产权利的一些条文中表现最为明显。《民法通则》第73条第2款规定:"国家财产神圣不可侵犯,禁止任何组织或者个人侵占、哄抢、私分、截留、破坏"。《民法通则》第74条第3款规定:"集体所有的财产受法律保护,禁止任何组织或者个人侵占、哄抢、私分、破坏或者非法查封、扣押、冻结、没收"。这些条文具备宣言性效果,却没有对违反这些条文的处理后果,因而没有法律操作性。民法不是政治宣言,它的条文中"神圣不可侵犯""受法律保护"这类词语,没有任何法律规范的价值。如果说1986年《民法通则》制定时不得不如此,那么在改革开放已经将近三十年的2007年时,这些宣言式条文在《物权法》中再次重复,①实在让人难以理解。

(二)一些基本规则不合法理,内在体系有些混乱,给实施带来很大麻烦

在我国民法的现有规则系统中,基本的交易规则规定得并不清晰明确,甚至还有违背常识的情况发生。1986年《民法通则》颁布时,这些规则大体上还能够得到遵守。该法第72条第2款就财产所有权变动的规定是:"按照合同或者其他合法方式取得财产的,财产所有权从财产交付时起转移,法律另有规定或者当事人另有约定的除外。"这一条文显示,民法立法尚能承认债权和物权的区分,以及物权和债权的法律根据的区分。但是,在1994年到1995年制定的几个民法立法,比如《担保法》《城市房地产管理法》等法律以及最高人民法院的司法解释中,却都出现了"不动产合同不登记不生效""动产合同不交付不生效"这样一些不承认物权和债权的法律根据相互区分的立法例。

首先,《城市房地产管理法》第36条规定,"房地产转让、抵押"应该办理登记。② 可是,这里所说的登记指向的标的是合同还

---

① 参见《物权法》第56条。
② 《城市房地产管理法》第36条规定:"房地产转让、抵押,当事人应当依照本法第五章的规定办理权属登记。"

是物权并不明确(从后来的立法看,立法者对此确实是认识不清的)。其次,最高人民法院关于贯彻该法的司法解释中,就出现了"出让合同出让的土地使用权未依法办理审批、登记手续的,一般应当认定合同无效"①这样的把不动产登记当作合同生效条件的规则。接着,《担保法》第 41 条沿用了"合同不登记不生效"的规则;而该法第 64 条规定了"合同不交付不生效"的规则。② 这些规则,违背合同生效之后到履行阶段才发生交付的常识,也违背债权变动发生在先、物权变动发生在后的法理,而法理认识的不清晰,会导致法律分析和裁判基本结果的不公平。

(三)立法过于笼统、抽象、原则,使人们在应用和遵守时难以准确把握;或是模棱两可,模糊不清,弹性过大,以至于同一规定产生不同实施结果

例如,《涉外民事关系法律适用法》在多个立法条文中均规定适用"有利于保护弱者的法",却没有说明谁是"弱者"。这就给司法裁判带来认定上的困难。③ 在涉外父母子女关系中,存在老年父母与成年子女、成年父母与未成年子女的纠纷类型,在不同的纠纷类型中,到底谁是弱者呢?又如,在涉外扶养和监护关系中,既存在子女与父母之间的扶养监护纠纷,也存在父母一方与另一方有关扶养义务分配和监护权的纠纷。在父母之间发生的涉外扶养监护纠纷中,如何认定谁是弱者呢?从司法实践看,不同法院只能根据自己对"弱者"概念的理解自行其是。目前还没有司

---

① 《最高人民法院关于审理房地产管理法施行前房地产开发经营案件若干问题的解答》第二部分"关于国有土地使用权出让的问题"第 5 条。
② 《担保法》第 41 条规定:"当事人以本法第四十二条规定的财产抵押的,应当办理抵押物登记,抵押合同自登记之日起生效。"第 64 条第 2 款规定:"质押合同自质物移交于质权人占有时生效。"
③ 参见袁发强:《有利的法——实质正义的极端化》,载《现代法学》2015 年第 3 期。

法解释进行澄清。①

二、立法观念存在问题

立法观念决定立法质量。现有的立法观念还存在许多与立法科学化不协调的地方。

（一）成熟一个，制定一个

应该说，这一观念在我国的立法工作中起到了主导作用。但是，在建立社会主义市场经济法律体系的今天，这一观念具有较大的局限性。立法的动因首先不应当是成熟与否，而是客观需要。如果客观上需要立法，是否成熟就是需要讨论的问题。不能因为所谓的"不成熟"就搁置立法，导致社会关系无法可依，法院裁判无法可循。同时，"成熟"本身并非专业用语，其中隐含了消极应对立法工作，被动立法的潜台词。"成熟"的标准是什么、怎样才算成熟、谁来判断是否"成熟"，其主观随意性太大。这样，一方面，全国人大及其常委会就处于一种"零售"状态。直至八届人大二次会议才提出在其五年任期内大体形成社会主义市场经济法律体系的框架。另一方面，在我国目前立法体制下，谁的立法积极性高，相应地，什么法便易于尽早形成提案，尽早审议通过。《企业破产法（试行）》是1986年第六届全国人大常委会第十八次会议通过的，而当时《全民所有制工业企业法》还未制定（直到1988年第七届全国人大第一次会议才通过），所以，就只好在《企业破产法（试行）》中规定"自全民所有制工业企业法实施满三个月之日起试行"。

---

① 在2010年《涉外民事关系法律适用法》颁布后，最高人民法院只是在2012年出台了关于该法总则部分的司法解释，迟迟未有对该法其他部分的司法解释出台。另参见《最高人民法院关于适用〈中华人民共和国涉外民事关系法律适用法〉若干问题的解释（一）》。

(二) 对立法意义缺乏足够认识

我国幅员辽阔,各地情况相差较大,所以,长期以来人们便认为,法律规范不可能制定得太细、太具体,立法时就追求一种比较"原则"的做法。但这种太原则、太笼统的条文,因为不明确、不具体而缺乏可操作性、可执行性。《外商投资企业和外国企业所得税法》共 30 条,而其施行细则却多达 114 条;《技术合同法》共 55 条,其实施条例也多达 134 条。最高人民法院的司法解释也是如此。《民法通则》共 156 条,而《最高人民法院关于贯彻执行〈中华人民共和国民法通则〉若干问题的意见(试行)》则有 200 条;1991 年颁布的《民事诉讼法》共 270 条,而《最高人民法院关于适用〈中华人民共和国民事诉讼法〉若干问题的意见》多达 320 条;对于 2012 年修改后的《民事诉讼法》,2015 年《最高人民法院关于适用〈中华人民共和国民事诉讼法〉的解释》更是多达 552 条!这些实施细则、司法解释表面上是具体了、明确了,但同时也在很大程度上把法律架空了,立法者所追求的"原则"最终也没了,法的威信丧失殆尽,法的实施也与立法者的初衷相去甚远。

(三) 立法滞后问题严重,有的规定则是不适当的超前;实施前者往往阻碍社会发展,实施后者导致司法与经济发展不协调

在我国,许多重要的涉外立法已经到了急需修改完善的地步,但因为不能排上人大立法规划,因而与当前涉外实践严重脱节。例如,《海商法》制定于 1992 年,当时基于超前的设想,立法内容主要与《汉堡规则》衔接。不过,《汉堡规则》成员国并不多,在国际运输公约中的地位并不高。另外,我国海商法立法在当时还受到国内、国际双轨制立法的影响,国内水路运输的调整内容很少。这种情形已经严重制约了我国海上运输业的发展,但迟至

今日仍不能排进全国人大修法规划之中。① 与此相类似的立法还有《仲裁法》。②

还有一些涉外法律被冠以"暂行"或"试行",不仅影响了法的严肃性与权威性,也影响了法的实施。如果社会关系不成熟,却又急需用法来加以调整,那么就采取"试试看"的办法。这样,就是在法律、法规等的名称中加上"暂行"或"试行"的限制。1979年以来,仅全国人大及其常委会所制定的法律中就有9部在其名称中加上"暂行"或"试行"。若再加上国务院、有立法权的地方人大及其常委会所颁布的行政法规、地方性法规,那么这种情况就更不在少数。实际上,在立法实践中,对什么样的法律、法规加上或不加上"暂行"或"试行"是没有统一标准的,而对于加上了"暂行""试行"的法律、法规来说,也是没有时间标准的,即"暂行"多久、"试行"多久是没有时间界限的。所以,有的一"暂行"就是好几年、十几年甚至更长时间。然而,一旦在法律、法规的名称中冠以"暂行""试行",其效力便"模糊"起来了:有效还是无效?是否可执行也可不执行?是否可遵守也可不遵守?其实,法总是要不断地适应社会生活的发展变化,这就要求法必须不断地废、改、立。从这个角度看,任何法都只是暂行的,而不可能是永久不变的。所以,在法的名称中冠以"暂行"或"试行",不仅影响了法的严肃性与权威性,也影响了法的实施。

---

① 参见《期盼〈海商法〉修改程序早日启动——航运界网专访胡正良》,http://www.ship.sh/news_detail.php?nid=14612&pre=1,访问日期:2016年11月5日。另参见梁慧星:《关于修改〈中华人民共和国海商法〉建议》,http://hd.jctrans.com/hdinfo/3130-1.html,访问日期:2016年11月5日。

② 参见《国际商事仲裁新发展研讨会提出:适时对仲裁法进行修改》,http://www.chinacourt.org/article/detail/2013/11/id/1149917.shtml,访问日期:2016年10月26日。

三、涉港澳台地区民事立法的特别问题

在我国涉外民商事审判实践中,涉港澳台地区的案件占了较大比例。根据民事诉讼法的有关规定,涉港澳台地区案件参照适用涉外民事诉讼程序进行审理。在适用法律方面,也参照《涉外民事关系法律适用法》所规定的选法规则进行法律选择适用。然而,当前我国涉港澳台民商事立法呈现出"少实体法多冲突法""碎片化"和"临时性"的特点。立法形式上,除了个别立法以法律、协议的形式确立,多表现为"安排"(arrangement)。

(一)缺少区际民事实体立法

1988 年颁布的《国务院关于鼓励台湾同胞投资的规定》,是第一部专为保护台湾同胞来大陆投资制定的专门行政法规。1994 年通过的《台湾同胞投资保护法》,是我国第一部也是迄今为止唯一一部涉台民商事实体法律。1999 年,国务院又颁布了《台湾同胞投资保护法实施细则》,进一步明确了对台胞投资的保护措施。除了投资领域,我国在其他领域的涉港澳台民商事实体法立法几乎是一片空白,不存在任何法律、行政法规或司法解释,相关地方法规和规章也近乎寥寥。

我国在涉港澳台实体法领域最大的立法成就,是通过三个框架性协议建立起了初步的海峡两岸及香港、澳门经济合作的规则体系。这三个框架性协议分别是:2003 年签署的《内地与香港关于建立更紧密经贸关系的安排》(Mainland and Hong Kong Closer Economic Partnership Arrangement,CEPA)、《内地与澳门关于建立更紧密经贸关系的安排》(Mainland and Macao Closer Economic Partnership Arrangement,CEPA)和 2010 年签署的《海峡两岸经济合作框架协议》(Economic Cooperation Framework Agreement,ECFA)。这三个协议主要涉及货物贸易、服务贸易和投资领域,包括了一

系列框架性规则,在内地与香港、澳门,大陆与台湾之间建立起了类似于自由贸易区的经贸制度。

问题是,这些签订后的"安排"对于内地(大陆)司法机关来说,是不是可以在审判中直接适用的法呢？显然不是。这些安排只是约束政府行政部门为了执行协议内容而制定或出台的相关政策、行政管理法规,在民商事审判中的法律地位并不明确。

(二)司法解释调整范围非常狭窄

我国涉港澳台民商事现行立法仅局限于投资、服务贸易、货物贸易等贸易领域,而对于其他民商事领域均未涉及。区际私法上,虽然司法解释数量多,但大多是司法协助方面的立法。而哪怕是司法协助领域的司法解释,也对适用条件作出了不少限制。例如,《最高人民法院关于内地与香港特别行政区法院相互认可和执行当事人协议管辖的民商事案件判决的安排》将相互认可和执行民商事判决的范围限定于当事人协议管辖的民商事案件。这些调整范围狭窄的立法难以涵盖内地与港澳台民商事交往的全貌,在实践中遇到相关案件时仍只能参照其他立法。这可能造成法律适用结果的不合理,法院在审判时也难有统一的依据。

第二节　涉外司法解释的现状与问题

司法解释是保障法院严格执法的手段。法律必须通过解释才得以适用,这是成文法所固有的抽象性和一般适用性的特点所决定的。法律所调整的社会关系是发展的,即使在一个静态的社会中,也不可能创造出能预料到一切可能的争议并预先加以解决的永恒不变的法律。法律即使再完备,也难以避免"法律漏洞"现象。在法律存在漏洞的情况下,司法解释具有填补漏洞的作用。由于立法存在粗糙、滞后的现象,导致我国司法解释不得不创造性地解释立法,这通常被诟病为越权解释。不过,这或许可以被解释为司法实践需要不得已而为之的现象。当然,真正影响涉外司法水平的不仅仅是超越司法权限的解释,还存在其他影响涉外裁判质量的现象。

一、以司法解释代替立法

1997年6月23日,最高人民法院发布了《最高人民法院关于司法解释工作的若干规定》。这是中华人民共和国成立以来最高人民法院发布的第一个专门规范司法解释工作的文件,有点相当于最高人民法院司法解释工作中的"立法法",它标志着最高人民法院司法解释工作进入全面规范的阶段。最高人民法院司法解释的制定一般包括立项、起草、审判委员会讨论通过、发布四个阶段。司法解释的形式分为"解释""规定""批复"三种。对于如何应用某一法律或者对某一类案件、某一类问题如何适用法律所作的规定,采用"解释"的形式;根据审判工作需要,对于审判工作提出的规范、意见,采用"规定"的形式;对于高级人民法院、解放军军事法院就审判工作中具体应用法律问题的请示所作的答复,采用"批复"的形式。最高人民法院制定并发布的司法解释,具有法律效力。对裁判文书中援引司法解释的问题,最高人民法院还规定,司法解释与有关法律规定一并作为人民法院判决或者裁定的依据时,应当在司法文书中援引。

虽然《最高人民法院关于司法解释工作的若干规定》只规定了"解释""规定""批复"三种司法解释名称,但实际上还有其他一些名称的文件也属于司法解释,如《最高人民法院关于修改〈最高人民法院关于审理涉及计算机网络著作权纠纷案件适用法律若干问题的解释〉的决定》《最高人民法院关于内地与香港特别行政区法院相互委托送达民商事司法文书的安排》《最高人民法院关于内地与香港特别行政区相互执行仲裁裁决的安排》等。

在涉外法律领域,由于全国人大立法的滞后或者不作为,最高人民法院不得不以司法解释的方式及时指导司法实践的情形主要表现为两种:一是全国人大对于采取何种形式确立其法律效力还缺乏清晰的认识和准备,消极对待该项立法工作,而司法实践却无法等待;二是我国已经加入某项国际公约,法律需要因此作出部分的修改和调整,却因立法规划等方面的原因,暂时不能启动立法修改程序。前者如处理我国区际法律冲突和协调不同法域司法协助的文件,后者如最高人民法院关于某项国际公约适用的司法解释。

(一)区际"安排"是以司法解释代替立法的典型

这些"安排"是处理区际司法协助问题的协议,如《最高人民法院关于内地与香港特别行政区相互执行仲裁裁决的安排》《最高人民法院关于内地与澳门特别行政区相互认可和执行仲裁裁决的安排》等,在司法协助方面我国并无相关立法。也就是说,"安排"所规制的领域是我国立法的空白,其在法律上的表现形式为司法解释。既无现存立法,"解释"二字便无从谈起。这些"安排"本质上是由审判机关出台文件对立法空白点进行规制,是审判机关行使立法权的产物。

最高人民法院有无权限作为代表机关签署相关协议,是值得考虑的问题。[①] 依照我国宪法对立法、行政、司法权力的分配,最高人民法院作为司法机关,其行使的权力是司法权。而区际协议的谈判,并不涉及实际的司法操作,应是行政权支配的范畴。由此看来,区际协议的谈判,由司法行政机关代替审判机关来进行似乎更为妥当。

[①] 参见袁发强:《宪法与我国区际法律冲突的协调》,法律出版社2009年版,第243页。

在程序上,协议的生效在香港特别行政区需经香港立法会批准,最高人民法院也必须等待香港立法会批准后才能发布"安排"。如此一来,香港立法会反倒成为最终决定协议是否生效的机关。这既损害了最高人民法院的权威,也干扰了内地法域的平等地位。

此外,最高人民法院颁布的这些"安排",并未见于港澳基本法附件三中。无论是内地法院还是港、澳地区法院,并不负有宪法中或基本法上的义务来实施这些双边安排。法院仅就作为本法域立法,承担着实施这些"安排"的义务。这意味着,不同法域间由于其法律观念、实践习惯等因素,可能对同一法律文件进行不同解释,进行不尽相同的实践,这与此类"安排"的立法初衷可能是相悖的。由于缺乏宪法上或基本法上的定位,这些"安排"的效力并不明确,实践中也可能遇到问题。

(二)关于国际条约如何适用的司法解释缺乏立法依据

关于我国加入国际公约后,该国际公约在我国的实施问题,有关宪法性立法从未有明确说明。虽然《民法通则》与《海商法》等民事法律中均规定了"中华人民共和国缔结或者参加的国际条约同中华人民共和国的民事法律有不同规定的,适用国际条约的规定,但中华人民共和国声明保留的条款除外",但这些条约应当是民商事实体条约,而不包括兼具行政管理和民商事实体内容的国际条约,也不包括程序法性质的国际条约。对于涉及司法协助的国际条约,在没有上位法的明确立法情形下,是否可以当然的直接适用是不明确的。

然而,立法的缺失,也导致我国司法解释中有部分规范国际条约适用的内容,如1987年《最高人民法院关于执行我国加入的〈关于承认及执行外国仲裁裁决公约〉的通知》、2013年《最高人民法院关于依据国际公约和双边司法协助条约办理民商事案件司法文书送达和调查取证司法协助请求的规定》等。

二、司法解释超越立法、代行立法权

现在我国存在大量司法解释，无论在数量上还是内容上都已超过了相应立法内容。这些司法解释很多没有解释对象，即没有对应的需要解释的法条，更不是针对某个法条在具体应用中的解释。

例如，《民法通则》共有156条，而《最高人民法院关于贯彻执行〈中华人民共和国民法通则〉若干问题的意见（试行）》多达200条。其中，关于涉外民事关系的法律适用的条款有18条，比《民法通则》中的9条多了一倍。

有的司法解释与立法本身明显冲突或矛盾。这就不再具有"解释"的功能，而是造法功能了。例如，2000年公布的《最高人民法院关于适用〈中华人民共和国担保法〉若干问题的解释》的多个条款就与《担保法》相抵触。① 虽然，这样解释可能是在抵消立法存在的缺陷，但不经过立法机关修改法律而自行变更所执行的法律，是有损立法权威和破坏法制统一性的。

一些"解释"的内容已脱离立法文本，超出了立法内容本身，制定出新的立法内容。例如，《最高人民法院关于贯彻执行〈中华人民共和国民法通则〉若干问题的意见（试行）》第180条："外国人在我国领域内进行民事活动，如依其本国法律为无民事行为能力，而依我国法律为有民事行为能力，应当认定为有民事行为能力。"该条文是一条关于涉外民事行为的主体民事行为能力的冲突规范。在《民法通则》中根本找不到相对应的条文，立法中根本

---

① 参见殷洁：《对〈〈担保法〉司法解释〉的若干质疑》，载《江西财经大学学报》2002年第2期；王伟：《担保法司法解释与担保法的冲突及对策》，载《黑龙江省政法管理干部学院学报》2003年第4期。

没有关于外国人民事行为能力法律适用的条文。《民法通则》只是在第143条规定了:"中华人民共和国公民定居国外的,他的民事行为能力可以适用定居国法律",完全不涉及外国人在我国的民事行为能力问题。当然,这样立法肯定存在疏漏:只规定我国公民在国外行为能力的法律适用,而不考虑外国人在我国民事行为的法律适用。司法解释显然是在弥补立法漏洞,以满足司法审判实践需要。不过,这种弥补显然是在立法,而不是"解释立法"。① 相似的例子还很多,《民法通则》中涉外部分的条文只有9条,而最高人民法院通过司法解释方法新增的冲突规则则有七八条之多。②

三、司法解释质量不高、过于僵化

司法解释应当遵循被动性原则,即只有在具体案件审判过程中出现的问题,需要通过解释才能正确适用法律进行裁判的事

---

① 参见林燕萍:《对我国国际私法司法解释现象的法理分析》,载《法学》2000年第5期。

② 如《最高人民法院关于贯彻执行〈中华人民共和国民法通则〉若干问题的意见(试行)》第181条规定:"无国籍人的民事行为能力,一般适用其定居国法律;如未定居的,适用其住所地国法律。"第182条规定:"有双重或多重国籍的外国人,以其有住所或者与其有最密切联系的国家的法律为其本国法。"第183条规定:"当事人的住所不明或者不能确定的,以其经常居住地为住所。当事人有几个住所的,以与产生纠纷的民事关系有最密切联系的住所为住所。"第184条规定:"外国法人以其注册登记地国家的法律为其本国法,法人的民事行为能力依其本国法确定。外国法人在我国领域内进行的民事活动,必须符合我国的法律规定。"第185条规定:"当事人有两个以上营业所的,应以与产生纠纷的民事关系有最密切联系的营业所为准;当事人没有营业所的,以其住所或者经常居住地为准。"第190条规定:"监护的设立、变更和终止,适用被监护人的本国法律。但是,被监护人在我国境内有住所的,适用我国的法律。"第193条规定:"对于应当适用的外国法律,可通过下列途径查明:(1)由当事人提供;(2)由与我国订立司法协助协定的缔约对方的中央机关提供;(3)由我国驻该国使领馆提供;(4)由该国驻我国使馆提供;(5)由中外法律专家提供。通过以上途径仍不能查明的,适用中华人民共和国法律。"第194条规定:"当事人规避我国强制或者禁止性法律规范的行为,不发生适用外国法律的效力。"第195条规定:"涉外民事法律关系的诉讼时效,依冲突规范确定的民事法律关系的准据法确定。"

项,才能作出司法解释,而不应当是在立法出台后泛泛地、全面地进行解释。这种解释不过是最高人民法院法官在没有具体需要裁判的问题前提下,基于经验而产生的联想,然后作出自己对立法条文的解读。

(一)司法解释紧跟立法步伐,缺乏实际针对性

一个有趣的现象是,每当全国人大通过一部民事立法,最高人民法院就紧锣密鼓地制定司法解释。例如,2009年,第十一届全国人大常委会第十二次会议通过了《侵权责任法》,规定自2010年7月1日起施行。最高人民法院就在2010年6月出台了《最高人民法院关于适用〈中华人民共和国侵权责任法〉若干问题的通知》,以"通知"的形式对《侵权责任法》进行了解释。又如,全国人大2010年通过《涉外民事关系法律适用法》,该法于2011年4月1日开始实施。最高人民法院却在2010年12月就发布了《关于认真学习贯彻执行〈中华人民共和国涉外民事关系法律适用法〉的通知》,并在2012年12月出台了《最高人民法院关于适用〈中华人民共和国涉外民事关系法律适用法〉若干问题的解释(一)》。

人民法院还没有具体应用法律、法令进行审判,或者刚开始应用,还没有深入实践,就假想出一系列可能遇到的问题,作出规范性司法解释,这很不合理。司法解释的逻辑起点应当在立法完成之后的法律应用环节。未经运用,就不可能有真实的需要解释的问题出现。

(二)司法解释起草、制定过程的随意性

我国最高人民法院的司法解释是由相对封闭的研究室或者业务审判庭的少数人起草的,然后提交审判委员会通过。整个起草过程是相对封闭的,没有经过广泛的讨论。审判委员会在讨论时,受各自分管业务的专业限制,非相关专业的委员一般也无法表达准确的不同意见。因此,作出的解释内容并不一定代表实践中真的存在对立法理解上的歧义。此外,解释的语言表达也有很多不周延的地方。由于审判委员会人数较少,制定司法解释时间较短,甚至会出现用语不恰当的情况。相对于经过广泛征求意见的立法来说,司法解释的质量很低,可运用性很差,容易对司法实践产生误导。

(三) 司法解释过多、过滥,相互间矛盾冲突

例如,针对我国 1999 年 3 月 15 日颁布、1999 年 10 月 1 日实施的《合同法》,最高人民法院于 1999 年 12 月 29 日颁布实施了《最高人民法院关于适用〈中华人民共和国合同法〉若干问题的解释(一)》。2009 年 4 月,最高人民法院又颁布了《最高人民法院关于适用〈中华人民共和国合同法〉若干问题的解释(二)》。针对 2001 年《婚姻法》,最高人民法院分别于 2001 年 12 月 25 日、2003 年 12 月 26 日、2011 年 8 月 9 日颁布了关于适用《婚姻法》的司法解释(一)(二)(三)。一而再再而三的解释并不能完全解决审判实践中的问题,仍旧存在大量规定不明确的情况,下级法院会就具体的问题和案件向最高人民法院申请批复。这种批复大量存在,作为司法解释的一种形式,导致司法解释更加混乱。

在实践中,还存在大量未经审判委员会讨论的、以"答复""复函""纪要"形式出现的具有强烈指导效力的文件。这类文件有的也是发至全国各级人民法院或通过《司法文件选编》《经济审判文件选编》等不同渠道予以公布。由于这类文件在效力上的不确定性,实际上造成了审理案件时适用法律的不确定性。例如,每年都会发布的"全国民事审判工作会议纪要"、特定时期发布的"全国经济审判工作座谈会纪要"等。这种情况在审判实践中并不是仅此一例,在某种程度上造成了适用法律的混乱。最高人民法院虽然规范了司法解释的形式,但却没有完全严格执行。

大量抽象性的司法解释难免僵化和不符合实际出现的问题。同时，抽象性司法解释还存在不说理的现象，只是把一些结论性的观点推出来要求下级法院适用，依照这样的司法解释作出裁判，其权威性和正当性都大打折扣。

四、各种具有指导审判工作的效力文件

除最高人民法院发布司法解释以外，各省乃至部分中级人民法院都会发布指导司法裁判的解释性文件。事实上，最高人民法院早在1987年就发出了《最高人民法院关于地方各级法院不宜制定司法解释性质文件问题的批复》。《人民法院组织法》第33条也规定："最高人民法院对于在审判过程中如何具体应用法律、法令的问题，进行解释。"据此，其他各级法院没有作出司法解释的权力。但司法实践中因我国法院系统特有的上下级行政管理关系，上一级法院仍然习惯于通过会议文件的形式，指导下级法院的审判工作。地方高级人民法院出台司法解释使本就不规范的司法解释工作变得更为混乱。例如，广西高院于2003年发布的《广西壮族自治区高级人民法院关于当前暂不受理几类案件的通知》中规定，"集资纠纷案件""以'买卖'形式进行的非法'传销'活动而引起的纠纷案件"和"因政府行政管理方面的决定、体制变动而引起的房地产纠纷案件"等13种案件暂不受理。这一司法解释性质的文件就受到了不少专家学者的批评，认为不仅无益于保护当事人的权益，而且有越权之嫌。[①] 类似这种地方性司法解释，全国各省高院乃至部分中院每年都在出台。这样，会造成全国法院审理相同涉外民商事案件的裁判尺度不统一，有损涉外民商事审判的权威性。

---

① 参见冯桂：《当前我国司法解释制度的弊端及其改革方向》，载《公民与法》2009年第2期。

针对司法解释的乱象,有学者建议通过判例解释立法。[①] 这主要是考虑到,司法解释不应当是事前的,而应该是在具体案件发生以后作出;司法解释应当是具体的,而不是抽象的。由于关于判例制度的争议较大,涉及政治敏感。现在最高人民法院似乎很重视案例指导制度在统一裁判标准和尺度中的作用。

第三节 涉外案例指导制度的评价

正由于司法解释存在的弊端明显,一个借鉴西方判例制度的"案例指导制度"呼之欲出。不论是学术界,还是司法实践部门都在积极尝试运用这一中国特色的机制解决统一裁判的问题。从目的看,这一制度的出发点是好的,但实际运行效果却并不能令人满意。

一、案例指导制度的沿革

(一)案例指导制度的历史发展

最高人民法院发布典型案例的做法可以划分为三个阶段:

第一个阶段为1985年《最高人民法院公报》创办之前。在这个阶段,最高人民法院主要采取集中式发布案例的形式。这种发布本身并没有说明其价值和效力,可能是揭示新型案例的出现,也可能是反映人民法院正在处理某项与形势密切相关的审判工作,如当年的"严打"。这一时期,最高人民法院发布案例的主要目的,并不在于深层次诠释法律,更不在于创设法律,而在于配合一定时期内的某种工作或任务需要。

在最高人民法院及其直属单位范围内,除研究室专门负责指

[①] 参见于朝端:《建立以判例法为主要形式的司法解释体制》,载《法学评论》2001年第3期。

导性案例的编写外,各业务庭都通过审判指导发布案例或选登裁判文书,传统的案例出版载体《最高人民法院公报》《人民法院案例选》《中国审判要览》《人民司法》(案例版)的编选工作进一步加强,《法律适用》《人民法院报》也开辟了案例专刊、专栏和专版,足见对案例研究的重视。一些省级高院,如北京、上海、重庆、江苏、河南等,在向最高人民法院报送案例的同时,也创办了各自的案例发布刊物。① 然而,各类案例发布载体对案例的开发整体上尚处于初级阶段,所发布的案例"很大一部分指导和参考作用不强,权威性不够"②,编选标准不规范,缺少科学的架构和体系。

第二个阶段为1985年《最高人民法院公报》创办之后到2005年《人民法院第二个五年改革纲要》实施之前。《最高人民法院公报》从创办一开始就每一期刊登若干典型案例,这也意味着最高人民法院发布典型案例的做法成为一种制度。但是,《最高人民法院公报》上的案例得以刊登大多是因为它的典型性,都是正面地复述法条,很少进行具有立法性质的法律解释,更少见对法律漏洞的填补。公报建立发布典型案例制度最初更多是为了进行法制宣传,也为地方各级法院"依法"解决纠纷提供参考。发布案例的重点不是如何适用法律。这就意味着典型案例并不是为了进行立法性法律解释,更不是为了填补法律漏洞。况且,如果实现指导性案例的作用,就至少必须有实务部门和法学研究机构的专家学者组成的专门机构、一套严格的筛选程序和制度。很显然,迄今为止,《最高人民法院公报》编辑部无论是在人力上还是在业务上都不足以承担此项重任。更何况,自1985年到2003年的公报案例并没有裁判要旨。即便案例中的裁判具有参考性,但

---

① 参见丁文严:《案例指导制度背景下人民法院案例系统的构建》,载《法律适用》2013年第1期。
② 沈德咏:《人民法院案例选》,人民法院出版社2010年版,序言。

办案法官的裁判方法、裁判思路都只体现在具体判决书之中,从而失去对后案的适用价值。

第三个阶段为《人民法院第二个五年改革纲要》实施至今。2005年10月26日,《人民法院第二个五年改革纲要》中明确提出:"建立和完善案例指导制度,重视指导性案例在统一法律适用标准、指导下级法院审判工作、丰富和发展法学理论等方面的作用。"这是最高人民法院第一次以正式文件的方式向全社会宣布建立"案例指导制度"。从2004年开始,《最高人民法院公报》案例在结构上增加了"裁判摘要";在类型上从以复述法条为主转向以漏洞填补和法律解释为主。

2010年11月26日和7月29日,最高人民法院和最高人民检察院分别通过并颁布了《关于案例指导工作的规定》。指导性案例的发布更加严格,但最高人民法院和最高人民检察院都发布自己的规定,又使人对各自指导性案例的效力产生困惑。①

(二)案例指导制度产生的动因与依据

直接促成案例指导制度出台的原因可以说是司法实务中严重的法律适用不统一,也即通常所说的同案不同判这一现象的存在。这种同案不同判的现象,在以成文法为主要法律渊源的单一法制国家里,显然是由于对相同的事实适用不同的法律,或对同样的法律作不同的解释所造成的,归根结底是一个法律解释和法律适用的问题。在我国,由于立法质量不高,司法解释主要是抽象的一般解释,不具有特定案件的针对性,也不能从根本上解决问题,甚至有更多缺陷,同案不同判现象非常严重。

最高人民法院于2005年发布的《人民法院第二个五年改革纲要》把统一法律适用的尺度作为其司法改革工作的一个中心任务,试图通过多方面的措施来减少同案不同判的现象,其中最为

---

① 参见陈兴良:《案例指导制度的规范考察》,载《法学评论》2012年第3期。

核心也最受外界关注的制度即是所谓案例指导制度。最高人民法院在《人民法院第二个五年改革纲要》中表示要建立和完善案例指导制度,重视指导性案例在统一法律适用标准、指导下级法院审判工作、丰富和发展法学理论等方面的作用。

不过,由最高人民法院选择与发布具有较强约束力的指导性案例这种做法让人联想起英美的判例法,①而基本上被等同于法官造法的判例法被认为是与我国的宪政体制相抵触的,引入案例指导制度的改革自 2005 年被提出来之后一度陷入停滞。直到 2007 年 10 月中国共产党第十七次全国代表大会提出要建设公正、高效权威的社会主义司法制度,案例指导制度才又引起高层的重视。在此期间,最高人民法院一直在就案例指导制度的设计进行广泛的调研并起草征求意见稿。

2009 年 2 月,中央政法委出台关于深入学习实践科学发展观解决政法工作突出问题的意见,要求建立和完善法律统一适用机制,进一步规范自由裁量权。中央政法机关要加快构建具有地域性、层级性、程序性的符合中国国情的案例指导制度,充分发挥指导性案例在规范自由裁量权、协调法制统一性和地区差别性中的作用,减少裁量过程中的随意性。2010 年 4 月,中央政法委召开公检法会议,要求各个系统都要出台案例指导制度,并在年内公布一批指导性案例。2010 年 11 月,最高人民法院《关于案例指导工作的规定》出台。经过将近十年酝酿的案例指导制度终于建立。

根据最高人民法院《关于案例指导工作的规定》,发布案例的目的在于"总结审判经验,统一法律适用,提高审判质量,维护司法公正"。其核心在于"统一法律适用",不过所选指导性案例的

---

① 陈兴良教授即明确主张案例指导制度就是中国特色的判例制度,参见陈兴良:《案例指导制度的法理考察》,载《法制与社会发展》2012 年第 3 期。

范围却是多元化的。该规定第 2 条规定:"本规定所称指导性案例,是指裁判已经发生法律效力,并符合以下条件的案例:(一)社会广泛关注的;(二)法律规定比较原则的;(三)具有典型性的;(四)疑难复杂或者新类型的;(五)其他具有指导作用的案例。"从这个角度看,我国的指导性案例制度还远远不能达到统一法律适用的目的。

二、案例指导制度的积极价值与缺陷

应该说,案例指导制度出台后,能够在一定程度上发挥积极作用。其积极价值在于为同类型案件的审判提供了参考,而非"指导"的作用。

(一) 案例指导制度的积极价值

关于案例指导制度的积极价值,有学者总结为:

1. 填补成文法的漏洞①

成文立法自身可能存在法律漏洞、前后矛盾,或者过于抽象或与外部法体系冲突等情况。通过裁判活动,司法机关往往需要在既有法律渊源基础上产生新的具体规则来对案件作出妥当的处理,以实现实质上的公平正义。② 案例指导制度的产生也正是基于这样的认识和理念。在我国制定法体系的框架下,案例指导制度可以使法律体系的发展从自闭状态走向开放。因为指导性案例的内在指导力或裁判理由的正当充分,都直接指向案件结果或法律论证的实质正义,可以及时、有效地回应社会现实的合理需求,也就是兼顾法的确定性和妥当性的有机统一,实现法的一

---

① 参见沈宗灵:《当代中国的判例——一个比较法研究》,载《中国法学》1992 年第 1 期。

② 参见汪世荣:《补强效力与补充规则:中国案例制度的目标定位》,载《华东政法学院学报》2007 年第 2 期。

般正义与具体个案中的个别正义的相互结合。

2. 相对于司法解释的优势

指导性案例的效力源于其结合事实与法律进行说理的理性基础,从而不像脱离了具体事实的抽象司法解释那样,容易被误解、机械适用和滥用。法官在适用指导性案例的时候,势必要对其与当前待决案件的相关性和适用性加以说明,从而对法官的说理义务有更高的要求。这也有利于当事人和社会各界,包括学术界,以及上级司法机关对于其法律适用过程进行监督。

指导性案例并不是对某一部法律或某一类案件所应适用之法律问题的系统解释,而是仅针对个别的法律问题。其发布、变更和废止程序可以比系统的抽象司法解释更为简单、灵活和日常化,从而更能满足日常司法的需要。另外,指导性案例以个案事实为基础,其社会效果和影响更容易被评估和预测,也更容易控制其可能出现的消极影响。

3. 统一法律适用标准,实现"同案同判"[①]

在司法实践中,法律适用标准不统一的问题是客观存在的,不同法院的法官或同一法院的不同法官可能对相同的案件作出差异明显甚至完全相反的裁决。这种现象的原因是多方面的。从法律角度看,成文法多表现为抽象、概括的法条,具有原则性、不周延性和滞后性等特点,这就给司法机关带来一些法律适用上的难题。不同法院不同的法官对那些模糊规定的理解和把握的尺度可能出现不一致的情况。此外,我国立法尚存在主体多元化、标准不统一、规范相冲突等问题,也会给一些法院在审理案件时把握法律适用标准带来困难。

4. 降低司法成本,提高司法效率

一方面,优秀的司法裁决是法官智慧的结晶,这种智慧通过

---

① 参见刘作翔、徐景和:《案例指导制度的理论基础》,载《法学研究》2006年第3期。

指导性案例可以获得继承和延展,使其他法官在判案时有先例可供遵循,由此可以缩短审判周期,降低诉讼成本,提高审判效率;另一方面,通过先期判决的指导性案例,当事人也可以预测诉讼风险,形成对诉讼前景的理性判断,进而采取理性的诉讼行为,避免司法资源的浪费。①

5. 约束法官自由裁量权

法官的自由裁量权应当受到有效的限制,否则会造成法律的滥用、司法的不公。在我国的司法实践中,由于法律条文规定得比较抽象,伸缩范围较大,法官可按照自己的理解,在此范围内作出判决。如果法官的理解不同,则完全可能出现事实、情节相似而判决结果大相径庭的案件。之所以会出现这种现象,是由于目前我国对法官的自由裁量权缺乏有效的法律程序性制约机制,而主要靠职业道德来约束。内在的道德约束,往往是以自我约束为前提、自我牺牲为代价的。这种约束机制虽有积极的一面,但却忽视了人性本身存在的弱点,往往可能突破来自内心的道德规范。因此,防止司法腐败,规制法官的自由裁量权,必须要倚重于外在的程序性约束机制,案例指导制度便是一种具有程序规制意义上的制度。②

案例指导制度可以使司法成为清晰地显现法官法律推理和裁判论证的技术性的过程,从而固定法律标准和裁判标准,最大限度地穷尽法律思维中的理性和可控性因素,限制法官的恣意裁判,有助于防止司法不公和司法专横,实现司法公正。

(二)案例指导制度存在的问题与缺陷

指导性案例存在的问题也是明显的。其中一个首要的问题是案例可能来自不同审级的人民法院。这样就可能出现下级人

---

① 参见刘作翔:《我国为什么要实行案例指导制度》,载《法律适用》2006 年第 8 期。
② 同上。

民法院报送的典型案例刚刚被作为指导性案例公布,又因当事人上诉而导致结果改判的现象。这种尴尬的现象恰恰是指导性案例的致命弱点。总体上看,案例指导制度存在的问题如下:

1. 案例来源于下级法院,其"指导性"地位不明确

最高人民法院公布的指导性案例主要是下级各级人民法院报送的案例。《关于案例指导工作的规定》对于报送的法院级别没有限制。实践中,中级人民法院报送的案例居多。[①] 这一方面是因为中级人民法院往往是重大、疑难案件的一审法院,能够出现最新的案例;另一方面,中级人民法院在整理典型案例材料上比基层人民法院在人力、物力方面具有优势。各省、自治区和直辖市高级人民法院则通常因为不是一审法院而难以有新型案例上报。

对于何谓"指导",最高人民法院在上述规定中指出,对于公布的指导性案例,"各级人民法院审判类似案例时应当参照"[②]。由此规定,各级人民法院在审理案件时,面临两项需要判断的情形:一是所审理的案例是否与指导性案例"类似"? 二是如何"参照"。

关于"类似"的定义,最高人民法院的上述规定中并没有明确界定。如果"类似"的定义是指案情类似,那么指导性案例的作用则演变为案情的机械类比;如果"类似"的定义是指案件争议的法律问题"类似",才具有真正的指导意义。由于"类似"含义的模糊性,各级人民法院在审理具体案件时,就存在不同的取舍态度,随意性较大。

2. 案例选送机制不科学[③]

指导性案例既然不是最高人民法院自身审判活动的结果,而

[①] 参见黄海:《构建案例指导制度的思考》,载《人民司法》2006 年第 10 期。
[②] 参见最高人民法院《关于案例指导工作的规定》第 7 条。
[③] 参见丁海湖:《案例指导制度建构中存在的问题及对策》,载《人民司法》2007 年第 23 期。

是由最高人民法院从各级人民法院已经生效的裁判当中选择产生,则选择的标准为何即是一个关乎案例指导制度能否充分发挥其功能的重要因素。然而在这方面,最高人民法院的上述规定对于指导性案例选择标准的相关规定显得颇为含糊。例如,"社会广泛关注"的案件,可能只具有新闻上的关注意义,其争议问题也许并不复杂,处理起来只需要按照既有成文立法和司法解释就可以很容易地作出裁判,无须通过指导性案例统一司法裁判和法律适用。这种案例被公布后,其指导功能是无法发挥出来的,或者说只会出现消极影响。

此外,为保证上级司法机关对案例的选择余地,每个下级司法机关都需要选送一定数量的案例,但为避免上级司法机关被大量的事实和信息所淹没,下级司法机关需要将案卷内容提炼浓缩。同时,为了在案例竞争中获胜,下级司法机关有动力对真实的案例进行加工改造以使其更完美。如此一来,被选中的案例就会在某种程度上失真,缺乏严肃性和科学性。

3. 案例功能定位可能导致违法现象的产生

案例指导制度导致出现了一个怪异的现象:某个中级人民法院呈报的案例经最高人民法院推送后就取得了对其他各级人民法院裁判案件的参照效力。这样在实践中会产生出一种可能:某个被公布的案例是一审裁判的,现在进入了二审。那么,二审法院是独立进行审判,不理会该指导性案例,还是鉴于该案例已经被选为指导性案例而盲目跟从,不问青红皂白就驳回当事人的上诉呢?两种处理结果都会遭遇法理上的质疑,而使上级人民法院蒙受违法的嫌疑。首先,既然该案裁判意见已经被作为指导性案例,那么依照《关于案例指导工作的规定》就取得了被"参照"的地位,"各级人民法院"都应当参照;否则,就违反了最高人民法院的规定。其次,如果上级人民法院盲从下级人民法院已经成为指导性案例的裁判，那么二审就会变得流于形式，既违反了民事诉讼法关于上诉审判的规定，又造成出现上级人民法院反而要遵循下级人民法院判例的现象。

显然，可以成为指导性案例的裁判，本身应当具有终局的法律效力，以维持指导性案例的稳定性。不过，由于再审制度的存在，我国目前司法机关作出的裁判何时具有终局效力是很难确定的。根据现行《民事诉讼法》（2017年6月修正），由人民法院或检察机关依职权对已经生效的民事裁判提起审判监督程序是没有期限限制的，而由当事人自行对已经生效的民事裁判申请再审则有裁判生效后二年的期限限制。这样的规定显然与指导性案例所要求的法律效力的终局性至少在理论上存在内在的冲突，因为一旦一个生效裁判被作为指导性案例发布，则人民法院或检察机关依职权对该民事裁判提起审判监督程序，或者当事人申请对该民事裁判启动审判监督程序的机制显然都将失去实质意义。

建立案例指导制度最大的困难就是陷入了二律背反的境地：如果不赋予指导性案例以一定的拘束力，那么案例指导制度就是形同虚设，起不到太多的实际效果，与《最高人民法院公报》发布典型案例的做法差不多；如果赋予指导性案例一定的拘束力，就等于赋予其准法律渊源的地位，这在一定程度上可能会产生下级人民法院的裁判居然可以约束上级人民法院的现象。

4. 容易导致机械模仿、盲目照搬的现象

如前所述，由于对"类似"的语义缺乏界定，还可能造成其他各级人民法院在办案时，机械照搬指导性案例裁判意见的现象。所谓"同案同判"应当是就定性方面而言，而不能是就定量方面而言的。对于同一法律争议问题，或者同一立法的理解，可以也应该做到同案同判，以保证法律适用的统一性，但对于具体裁判的尺度则很难进行案件之间的横向比较。这一方面是因为,最高人民法院所公布的指导性案例会高度浓缩案情事实,并不会详细反映具体诉讼请求的事实背景和详细证据。其他法院无法在具体诉讼请求的裁判尺度方面进行真正的比较。另一方面,每一个具体的案件都会有其特殊的事实。世界上没有完全一模一样的人,也不会有完全一模一样的案件发生。具体裁判尺度需要根据具体案情决定。

此外,如果"同案同判"包含具体裁判尺度的话,也有违发布指导性案例的初衷和目的。案例指导制度的核心在于统一法律适用,而不是具体裁判结论。

三、涉外案例指导制度的现实评价

最高人民法院并未发布过专门的指导性"涉外案例",每年度都是综合性发布案例,而其中可能包含涉外的案例。截至2016年10月,最高人民法院一共发布了14批指导性案例。[①] 其中,涉外民商事指导性案例7件,在涉外审判实践中的作用并不明显:

(1) 海南丰海粮油工业有限公司诉中国人民财产保险股份有限公司海南省分公司海上货物运输保险合同纠纷案(指导案例第52号,最高人民法院(2003)民四提字第5号民事判决);

(2) 阿卜杜勒·瓦希德诉中国东方航空股份有限公司航空旅客运输合同纠纷案(指导案例第51号,上海市第一中级人民法院(2006)沪一中民一(民)终字第609号民事判决);

(3) 意大利费列罗公司诉蒙特莎(张家港)食品有限公司、天津经济技术开发区正元行销有限公司不正当竞争纠纷案(指导案例第47号,天津市高级人民法院(2005)津高民三终字第36号民

---

① 参见《最高人民法院发布第14批5件指导性案例》,http://www.chinacourt.org/article/detail/2016/10/id/2258191.shtml,访问日期:2016年10月30日。

事判决）；

（4）上海金纬机械制造有限公司与瑞士瑞泰克公司仲裁裁决执行复议案（指导案例第 37 号，上海市高级人民法院（2009）沪高执复议字第 2 号执行裁定）；

（5）瑞士嘉吉国际公司诉福建金石制油有限公司等确认合同无效纠纷案（指导案例第 33 号，最高人民法院（2012）民四终字第 1 号民事判决）；

（6）江苏炜伦航运股份有限公司诉米拉达玫瑰公司船舶碰撞损害赔偿纠纷案（指导案例第 31 号，上海海事法院（2010）沪海法海初字第 24 号民事判决）；

（7）中海发展股份有限公司货轮公司申请设立海事赔偿责任限制基金案（指导案例第 16 号，上海市高级人民法院（2009）沪高民四（海）限字第 1 号民事裁定）。

在已发布的 60 多件指导性案例中，涉外商事案例占到了 10%，其分量说明涉外商事审判需要案例指导发挥重要作用。就保障法律适用统一、维护法制权威和中国法治形象方面，涉外海商事案件的裁判质量具有重要的风向标作用。在上述 7 件案例中，海上运输与航空运输案件占到了 4 件以上。这是因为，全国海事法院本来就数量不多，且不是按照省级地理区划设置，而是按照港口布局建立的。虽然，其上诉审仍然与所在地的省高级人民法院相通，但已经具有相对于其他地方法院的统一性。通过全国性的海事法院审判工作会议，以及现代大数据联网模式，各地海事法院能够清楚地了解其他海事法院同类案件的审判情况。然而，在没有指导性案例的情况下，不同海事案件审判的尺度却并不统一，这其中一个很重要的因素就是各省高级人民法院的上诉审并不会去参考其他地方海事法院或高级人民法院审理的海事海商案件。

过去，海事海商案件的统一，主要依靠最高人民法院民四庭的海事海商审判组进行协调。由于直接上诉到最高人民法院的海事海商案件比较少,最高人民法院民四庭能够有足够的精力在具体案件的承办上,协调全国不同海事海商案件的处理。当然,这样做也带来不利因素,即最高人民法院的直接指导有时演变成直接介入。在没有完全参与庭审的情况下,可能产生不恰当的指导意见,而且这种指导意见多以请示批复、电话答复和文件联系为主,并不可能对其他海事法院和高级人民法院产生直接的约束力。

另外,我国的《海商法》《民用航空法》等涉外商事法律大多制定于1995年以前,在我国市场经济发展的今天,早已急需修改和完善,但因尚未纳入立法修改计划而导致司法实践中出现的新问题难以用过去的立法条文完全达到审判公平的效果。因此,指导性案例在海事海商案件的审理中,能够发挥重要的积极作用。在司法解释中,最高人民法院有关涉外商事业务的司法解释常常显得多而零散且经常变更。通过司法解释这种抽象的解释方法难以适应多变的涉外商事诉讼需求。

2015年12月,最高人民法院提出了建设国际海事司法中心的奋斗目标。① 这也预示着我国将更加重视国际海事海商案件的裁判质量,通过高水平的裁判营造国际司法中心的地位,并吸引中外当事人通过我国的海事法院和海事仲裁机构处理海事海商案件。统一法律适用、统一裁判思路是其中不可或缺的重要途径。

令人遗憾的是,相对于当前涉外普通民事案件数量激增的事实而言,已经出台的60多件指导性案例中并无一件与涉外普通

---

① 在2015年的最高人民法院有关海事审判工作改革与发展的专题会议上,最高人民法院院长周强明确提出了把我国建设成为"具有较高国际影响力的国际海事司法中心"的目标。在2016年全国人大会议上,周强院长在工作报告中正式提出了从2016年起"建设国际海事司法中心"。参见《深入推进海事审判工作改革努力建设具有影响力的国际海事司法中心》,http://www.chinacourt.org/article/detail/2015/12/id/1762474.shtml;周强院长在2016年3月第十二届全国人大第四次会议上所作的《最高人民法院工作报告》。

民事案件有关。众所周知,根据《民事诉讼法》的相关规定,涉外婚姻、家庭和继承案件的一审在基层人民法院。这些案件往往在二审的中级人民法院时就结案了。正是由于这个原因,大量复杂、疑难的涉外婚姻家庭继承法律问题并不能进入高级人民法院诉讼,最高人民法院分管婚姻家庭继承案件的业务庭几乎没有直接审理过有关案件。最高人民法院的业务庭只是在听取请示汇报和调研中对复杂疑难案件的法律适用给出指导性意见。这种主要依赖于批复和答复的"司法解释"形式对实践中统一法律适用的效果极差,从这个意义上讲,普通涉外民事案件更需要指导性案例发挥作用。

第三章
涉外民商事管辖权的行使

在涉外民商事案件管辖权的行使实践中,我国法院总体上表现为自信心不足,尚不能积极行使管辖权,通过司法审判行为体现国家主权。其中既有立法对管辖权的规定不足之处,也有法院缺乏自信的因素。在学术研究上,我国学界关于"长臂管辖"与"不方便管辖"的误读也对司法实践有一定影响。

第一节 涉外民商事案件管辖的考量因素

我国现行民事诉讼法在规定人民法院诉讼案件管辖权时,笼统地以地域管辖为标准划分法院管辖权,过分着眼于被告住所或者经常居所与法院地之间的联系。在涉外诉讼管辖方面,仅以财产权益案件作为例外。这种着眼于人民法院系统内部管辖分工的立法模式忽视了涉外民商事案件管辖权的特殊性,限制了我国法院对具有涉外因素民商事案件的管辖,不利于我国司法主权在对外交往中的充分行使,也与我国国际地位增强的形势需要不相适应。

一、涉外民商事案件管辖权依据的特殊价值追求

涉外民商事案件管辖权与国内民商事案件管辖权的确立依据体现着不同的价值追求。就国内案件而言,管辖权问题只是在国内不同地域、不同级别的法院之间进行分配,其所体现的价值目标是方便当事人诉讼、避免对一方当事人形成诉累及对司法资源进行合理配置等。其中,避免给被告造成不必要的诉累是主要

考量因素。而涉外案件管辖权则是充分实现国家司法主权的重要途径,体现的价值目标是国家司法主权在国际社会中的维护和便利当事人诉讼。可见,涉外案件管辖权和国内案件管辖权的依据有着不完全相同的价值追求。

涉外案件管辖权指一国司法机关审判含有涉外因素案件的权限。[①] 确立这种权限要考虑两方面的因素:一是内国司法机关与外国司法机关之间的权限划分;二是方便当事人获得司法救济。前者因涉及国家主权问题,各国在制定民事诉讼法时往往会适当扩张本国的管辖权,以维护本国的国家利益。因此,在规定本国对涉外民商事案件的管辖依据时是积极的。但各国在扩张本国司法管辖权之后,可能会引发管辖权的冲突。这种冲突激烈到一定程度会成为顺利解决国际民商事争议的障碍,妨碍国际民商事交往的正常进行,同时也给无限扩张司法管辖权的国家带来沉重的司法负担。因此,现代各国在扩张本国司法管辖权的同时,开始注意适当自我限制管辖权。这主要表现为非方便法院原则和解决平行诉讼的协调等问题开始进入司法实践领域。[②] 由此看来,便利当事人诉讼是涉外案件管辖权确立依据中的原始因素,本国司法主权的实现是确立涉外案件管辖权的积极因素。二者结合起来成为确立涉外案件管辖权的综合考量因素。

国家主权的行使和便利当事人诉讼在实践中的表现有时相互矛盾,有时相互一致。例如,当各国都严格限制本国涉外案件管辖权时,就可能出现国际民商事管辖权的消极冲突,[③] 出现案件

---

① 参见谢石松:《论国际民事案件中的管辖权问题》,载《中山大学学报(社会科学版)》1996年增刊。
② 参见王薇:《国际民事诉讼中的"过度管辖权"问题》,载《法学评论》2002年第4期。
③ 参见王淑敏、王秀芬:《论国际民商事诉讼管辖权的消极冲突》,载《当代法学》2004年第6期。

管辖的落空,这样也是与方便当事人诉讼的原则相违背的。如果不能全面理解这两个价值追求的相互关系,就难以解释目前各国尚未就司法管辖权达成协调意见的缘由。① 各国国内立法在规定涉外案件管辖权时首先考虑的不是国际社会对管辖权的协调,而是本国司法主权的实现,这是毫无疑问的。方便当事人诉讼原则只是对实现司法主权的微调,是一国司法主权的自我克制。

(一)国家司法主权维护

一国司法管辖权的实现大体上可以通过两种途径:一是规定本国司法机关处理涉外案件的管辖范围,这通常是在当事人没有协议选择的情况下确定的管辖依据。这种管辖依据表现为涉外民商事案件中的当事人、争议的法律关系或标的、争议的财产、争议本身同本国存在一定的联系或利益关系。二是允许当事人以协议方式获得本国司法管辖权。

就案件当事人、争议的法律关系或标的、争议的财产而言,其与一国的联系一般是通过地域联系标准为管辖依据的,即当案件当事人一方或双方与受理案件的法院所属国存在一定的联系时,该国立法规定本国法院有管辖权。这种管辖权不是排他的、独占的,可能与另一国司法管辖权发生冲突。之所以称这种管辖权之间的冲突为正常现象,是因为国际民商事案件往往并不仅仅与一个国家存在地域联系,还可能与另一国或数国存在地域联系。最密切联系原则从来就不是确立涉外案件管辖权的依据,而仅仅是法律选择的方法之一。各国在确立本国涉外案件管辖权时,往往要求案件与本国存在"适当"的联系。最低联系原则仅存在于美国一些州的法院司法实践中,以"长臂管辖权"为代表的最低联系

---

① 海牙国际私法会议曾就各国民商事管辖权及外国判决的承认与执行问题长时间地组织讨论,并出台了《民商事管辖权及外国判决执行公约》。目前,只是在协议管辖方面取得了进展,形成了海牙《选择法院协议公约》。

原则虽早已受到各国批评,但似乎在跨国网络案件中获得了新生。①

从理论上讲,涉外民商事案件(或称"国际民商事案件")与国内民商事案件一样,都是民商事活动的参与人在行使私权的过程中发生的争议或纠纷。当事人寻求国家司法公权力的救济,是通过合法手段解决私权争议的最后途径,而不是首要途径。现代各国立法趋势一般都允许当事人协议选择争议解决方式,如仲裁或替代性争议解决机制等,这表明国家对私权争议的解决不是主动干预,而是被动介入。因此,非方便法院原则的目的在于公平对待案件当事人各方,便利案件的顺利解决,防止一方当事人利用或滥用国家司法管辖权达到有利于自己一方的案件处理结果。正因为如此,非方便法院原则是在内国法院根据本国立法享有管辖权基础之上的自我约束,而不是各国立法对本国管辖权的自我限制,是为司法实践中拒绝管辖某一具体涉外案件留出的最后渠道。这是根据非方便法院原则排除本国法院管辖的前提。② 如果说在立法层面需要考虑非方便法院原则的话,也应该是作原则性的规定,而不是否定法院对某类涉外案件的管辖权。

对本国司法管辖权任意扩大或无限扩大虽然是不好的,有时会被称为"司法沙文主义"③,但只要一国注重维护本国对涉外民商事案件的司法管辖权,就不可避免地会产生管辖权冲突。这是

---

① 在跨国网络案件管辖问题上,因网络的虚拟性,使得传统的地域管辖标准遇到技术认定的障碍,这使得各国在按照适当联系标准确定管辖权时不得不作广义解释。这本身也是司法管辖权扩张的一种表现。这种扩张不完全是为了避免管辖权的落空,也是各国司法主权在虚拟空间的竞争。

② 我国学术界对于非方便法院原则的研究多以积极扩大非方便法院原则的使用为核心,认为我国民事诉讼法中规定的条件过于苛刻,不利于消除国际管辖权的积极冲突。这是不可取的。

③ "司法沙文主义"的提法,参见李双元:《中国与国际私法统一化进程》(修订版),武汉大学出版社1998年版,第129页。

国际民商事法律冲突的正常现象,大可不必因为存在管辖权冲突而非难各国司法主权的充分行使。

当我们在谈论涉外案件管辖权时,考虑的是国家主权在司法层面的体现。这种体现本身就是宣示本国对于涉外案件的管辖权限,具有针对性和相对性。① 这种针对性和相对性表现在与涉外案件有关的国家之间管辖权的分配上。这种分配不完全是一种地域范围或领土范围的分配,而是以地域联系为因素的分配。通过这种管辖权的分配,国家司法主权得以在国际层面体现。从某种意义上说,是国家主权的对外延伸,是超越领土范围的主权体现。因此,各国扩张本国司法管辖权是国家实现司法主权的自然表现。

(二)方便当事人诉讼与涉外管辖权的积极行使

由于现代社会国际交往的复杂性,一个国际民商事法律关系或争议常常与多个国家间存在一定的联系。过于强调案件与某一国之间地域联系的紧密程度存在两个方面的问题:一是很难确定案件与某一国之间存在最紧密的联系,就好像难以找到唯一的"本座"一样。本座理论好像很完美,但缺乏实践操作性。二是过于强调这种地域联系又会违背便利当事人诉讼原则。从某种意义上说,对于国际民商事案件,便利当事人诉讼的要求比国内案件还要重要。诉讼的困难会阻碍国际民商事正常交往。在现实中,按照原告就被告的住所或国籍等因素而到被告国家起诉的案件虽然是传统的情况,但绝不是主要情况。在现代跨国民商事案件中,原告就被告不是国家行使涉外案件管辖权的主要依据。当事人意思自治或案件与本国的联系都是行使涉外管辖权的依据。即使是在原告就被告原则下,更多的也是适用原告就被告原则的变形形式,扩大被告的地域因素,如居所、惯常居所、营业所、代表

---

① 参见刘卫翔:《国际民事管辖权的根据及限制》,载《比较法研究》1996 年第 4 期。

机构或分支机构所在地等。

如果案件争议本身同法院地国存在一定的利益联系,或政策导向因素,法院地国也可能行使司法管辖权,如儿童抚养案件、消费者权益保护案件、劳动争议案件、产品质量纠纷案件、海事海商案件、网络争议案件,等等。在对这些案件的管辖问题上,有些虽然仍采用传统的地域联系标准,但改变了地域联系的主体,如根据原告所在地确定管辖权(如儿童抚养案件和消费者权益保护案件等);有些是拟制地域管辖,如网络争议案件;有些是强调本国利益,如东道国对于在本国投资的案件规定专属管辖权;有些仅仅是以方便当事人诉讼为目的的管辖标准,如海事海商案件、劳动争议案件,等等。这些案件虽然以方便当事人诉讼为表面目的,实际上却与国家司法主权的扩张一致。导致管辖权冲突的案件也往往与方便当事人诉讼的借口有关。这正是目前国际社会难以从各国立法层面化解管辖权冲突的原因。

如果要求涉外案件必须与内国具有紧密联系,那么虽然避免了与他国司法管辖权的冲突,但同时又会给国际民商事诉讼的当事人带来不便。例如,两个偶然到中国来旅游的外国人在旅行途中签订了一份商业合同,该商业合同的履行地不在中国,也不在当事人中任何一方的住所地国,两个当事人分属不同国家。在旅行结束前,其中一方反悔,告诉另一方他要撤销合同。难道另一方不能在中国法院立即提起诉讼,要求对方实际履行合同吗?看上去合同签订地与中国只有偶然联系,不是充分联系,那么中国法院受理这个案件就是"过度"扩大本国法院管辖权了。[①]可是,如果要求当事人必须到外国去诉讼就一定合理吗?充分联系只是一种主观的判断,在没有结合具体案件时是难以先下结

[①] 参见李旺主编:《涉外民商事案件管辖权制度研究》,知识产权出版社2004年版,第13页。

论的。

二、我国涉外司法管辖权的行使

(一)深度对外交往的形势

最高人民法院公布的数据显示,我国各级人民法院2015年度审结的各类涉外民商事一审案件计15348件,涉台民商事案件5382件,涉港民商事案件10561件,涉澳民商事案件1180件,新收海事海商一审案件17546件。[1]

另根据我国商务部发布的2015年中国对外贸易数据,我国货物贸易进出口总值和出口额稳居世界第一,国际市场份额进一步扩大。2015年,我国货物贸易进出口总值24.56万亿元人民币,其中,出口14.12万亿元人民币,进口10.44万亿元人民币;贸易顺差3.68万亿元人民币。以美元计价,进出口总值3.95万亿美元。其中,出口2.27万亿美元,进口1.68万亿美元。[2] 在投资方面,2016年1—9月,全国新设立外商投资企业21292家,同比增长12.2%;实际使用外资金额6090.3亿元人民币(折合950.9亿美元),同比增长4.2%。[3] 对外投资方面,2015年我国对外直接投资创下1456.7亿美元的历史新高,占全球流量的份额由2002年的0.4%提升至9.9%,投资流量跃居全球第二。[4]

---

[1] 参见《2015年全国法院审判执行情况》,http://www.court.gov.cn/fabu-xiangqing-18362.html,访问日期:2016年11月20日。

[2] 数据来源:http://cn.ecf.gov.cn/2016-07/18/c_40289.htm,访问日期:2016年11月20日。

[3] 数据来源:http://www.mofcom.gov.cn/article/tongjiziliao/,访问日期:2016年11月20日。

[4] 上述数据来源于2016年9月22日商务部、国家统计局、国家外汇管理局联合发布的《2015年度中国对外直接投资统计公报》。参见《2015年我国对外直接投资量首次位列全球第二》,http://www.gov.cn/shuju/2016-09/22/content_5110779.htm,访问日期:2016年11月20日。

在对外民事交往方面,2015 年我国出境旅游 1.2 亿人次,①入境 1.33 亿人次。② 2016 年,我国出国留学人员超过 50 万人。③

我国已经成为毫无争议的大国,同时也是对外民商事交往活动广泛的国家。在深度对外交往活动中,难免会产生许多的涉外民商事纠纷,需要通过诉讼方式解决。由此,如何体现"大国司法"的特点,成为当前学术讨论的热点。

(二)维护国家海洋权益的现实需要

2016 年 8 月 1 日,最高人民法院公布了《关于审理发生在我国管辖海域相关案件若干问题的规定(一)》(以下简称《涉海司法解释(一)》)和《关于审理发生在我国管辖海域相关案件若干问题的规定(二)》(以下简称《涉海司法解释(二)》),自次日起施行。《涉海司法解释(一)》明确了我国法院在管辖海域范围内受理案件的种类范围;《涉海司法解释(二)》则是明确了具体的受案标准和条件,以及部分案件中法律适用的裁判尺度。④

两个涉海司法解释的颁布和施行是最高人民法院重视海洋法治建设,积极行使司法管辖权以维护我国海洋权益的重要体现;⑤也是落实我国在相关国际条约项下的权利和义务,保障国内海洋立法实施、保护当事人在海洋活动中合法权益的必然结果。

---

① 参见《商务部:2015 年我国出境游人数达 1.2 亿 境外消费 1.5 万亿元》,http://business.sohu.com/20160223/n438202957.shtml,访问日期:2016 年 11 月 20 日。

② 数据来源:http://www.cnta.gov.cn/zwgk/lysj/201601/t20160118_758404.shtml,访问日期:2016 年 11 月 20 日。

③ 参见《2016 中国留学人数首破 50 万成第一大国际生源国》,http://www.edu.cn/edu_guo_ji_he_zuo/hwyx/201605/t20160505_1394204.shtml,访问日期:2016 年 11 月 20 日。

④ 参见罗书臻:《依法积极行使海上司法管辖权 统一涉海案件裁判尺度——最高人民法院有关负责人就〈关于审理发生在我国管辖海域相关案件若干问题的规定〉答记者问》,载《人民法院报》2016 年 8 月 2 日第 1 版。

⑤ 参见张文广:《完善海洋法治 维护国家利益》,载《人民法院报》2016 年 8 月 3 日第 2 版。

其积极意义毋庸置疑。不过,这两个涉海司法解释也存在略显粗糙、没有分类界定不同性质管辖海域内的管辖权范围、司法管辖案件范围不全面、忽视国际私法的地位和作用等问题,需要通过修改立法和进一步完善涉海司法解释的方式才能真正发挥实际作用。

用"国家管辖海域"的表述来界定沿海国国内司法管辖权并不恰当,也不准确,更不能发挥国内法的实际效果。从国际法层面谈论"国家管辖海域"是可行的,但在国内法层面而言,则太笼统和粗糙,无法准确界定管辖权的范围和权限大小。国家管辖范围内的海域不能简单地以"国家管辖海域"来替代或简化。首先,国家管辖范围内的海域不是一个单一的海域,而是不同法律性质海域的集合。在不同海域中,国家的管辖权范围是不一样的,笼统讨论沿海国的司法管辖权,会产生误解,以为在国家管辖范围内的海域,法院受理案件的范围和权限是一样的。其次,一国国内司法管辖权与国际法层面的"国家管辖权"或者"沿海国管辖权"也不是完全对应的。① 司法管辖权仅仅指法院受理和审理相关案件的权限;而国际法层面的"国家管辖权"或"沿海国管辖权"则是立法、行政管理与执法以及司法管辖的集合。要充分行使国家管辖权,就要精准行使司法管辖权,明确在不同海域范围内,一国可以行使司法管辖权的范围、类型和程度。这自然需要通过立法来明确,而我国目前的国内立法并未跟上。② 否则,国家有关司法解释将更多地表现为宣示性效果,而非实际运用效果!

两个涉海司法解释中提到的案件类型主要分为刑事、行政和民商事三类。在刑事案件中,只提到了"实施非法猎捕、杀害珍贵

---

① 参见江国清:《国际法中的立法管辖权与司法管辖权》,载《比较法研究》1989年第1期,第34页。

② 参见张相兰、叶泉:《论沿海国对其专属经济区内船舶污染的立法管辖权》,载《当代法学》2013年第3期,第151页。

濒危野生动物或者非法捕捞水产品等犯罪";行政诉讼案件中提到了海关进出境、渔业生产与资源管理;民商事案件中只涉及海损事故与损害赔偿、海洋环境污染损害赔偿等。这是很不全面的:虽然司法解释并没有明文规定不管辖其他类型案件,但这样的行文表述却容易让人产生误解,认为在我国领海范围内,司法管辖只涉及上述明确提到的案件类型;或者容易误导下级人民法院只受理上述案件类型。

事实上,在我国领海范围内发生的一切类型的案件,我国法院都有司法管辖权。在领海范围内,也不可能只发生上述涉海司法解释所列明的几种类型案件。例如,在刑事案件方面,领海内也可能发生普通、常见的刑事案件,如抢劫、盗窃等;在行政管理方面,也可能发生违反航行安全管理规定的行政执法案件;在民商事方面则更为明显,海上运输纠纷就是其中常见的一种。从《联合国海洋法公约》看,对沿海国在领海范围行使司法管辖权的范围并无类型限制,只是对经过领海的外国船舶上发生的刑事和民事案件行使管辖权附加了一定条件和限制。①

在专属经济区海域,最高人民法院的涉海司法解释中只涉及与海洋环境保护有关的污染损害赔偿纠纷,未明确提及人工岛屿、设施和结构的建造与使用,特别是未明确提及海洋科学研究

---

① 1982年《联合国海洋法公约》第27条"外国船舶上的刑事管辖权"第1款规定:"沿海国不应在通过领海的外国船舶上行使刑事管辖权,以逮捕与在该船舶通过期间船上所犯任何罪行有关的任何人或进行与该罪行有关的任何调查,但下列情形除外:(a)罪行的后果及于沿海国;(b)罪行属于扰乱当地安宁或领海的良好秩序的性质;(c)经船长或船旗国外交代表或领事官员请求地方当局予以协助;或(d)这些措施是取缔违法贩运麻醉药品或精神调理物质所必要的。"第28条"对外国船舶的民事管辖权"规定:"1.沿海国不应为对通过领海的外国船舶上某人行使民事管辖权的目的而停止其航行或改变其航向。2.沿海国不得为任何民事诉讼的目的而对船舶从事执行或加以逮捕,但涉及该船舶本身在通过沿海国水域的航行中或为该航行的目的而承担的义务或因而负具的责任,则不在此限。3.第2款不妨害沿海国按照其法律为任何民事诉讼的目的而对在领海内停泊或驶离内水后通过领海的外国船舶从事执行或加以逮捕的权利。"

方面的司法管辖。不过,涉海司法解释在制定依据的说明中明确提到了《专属经济区和大陆架法》。《专属经济区和大陆架法》第3条第2款明确了我国对上述三项活动的管辖权,与《联合国海洋法公约》一致。因此,对于因从事上述三项活动而引起的刑事、民事和行政案件,我国法院也享有司法管辖权。人民法院在处理实际案件的过程中,应当注意到这一点,积极受理因在我国专属经济区内从事上述三项活动而引发的案件。

最高人民法院的涉海司法解释没有专门针对大陆架的特点明确我国司法管辖的案件范围,而是将大陆架作为我国"管辖海域"的一部分,笼统地规定案件审理范围,这是不适当的。事实上,在司法管辖权方面,我国法院在大陆架范围内所能管辖的案件范围主要是与海床底土的勘探、开发和利用有关的案件,而不包括渔业活动所引发的案件。当然,从案件性质上看,这种勘探、开发和利用海底自然资源活动所引发的案件可以是刑事犯罪案件,也可以是行政诉讼或商业纠纷案件。从扩张沿海国管辖权、有效保护大陆架自然资源的角度出发,也可以对海底自然资源可能造成环境污染和资源损害的环境保护案件行使管辖权。如果只是污染海水区域的环境保护案件,则没有司法管辖权。至于船舶航行中因碰撞所造成的海损索赔纠纷,沿海国不能因"发生地"在大陆架行使司法管辖权,而只能依据"事故船舶最先到达地""船舶被扣押地"或者"被告住所地"等管辖连接因素主张管辖权。至于"非法猎捕、杀害珍贵濒危野生动物"的刑事案件,只有发生在我国领海、专属经济区内时,我国法院才有司法管辖权;如果是发生在大陆架的地理范围内,但海水区域却不是我国的领海和专属经济区的话,我国法院没有司法管辖权。

(三)积极行使管辖权与避免过度管辖

涉外案件管辖权是一国审理具有涉外因素案件的权限。换句话说,从国际层面看,是不同国家法院对于具有国际因素案件的管辖权的分配。正是由于这种分配关系,才引起了各国对于涉外民商事案件管辖权的竞争。这种竞争是国家主权实现的竞争,是国家对于国际民商事交往影响力的竞争。因此,一国在确定本国涉外民商事管辖权时会考虑到本国参与国际民商事交往的密切程度、经济发展水平、本国在国际社会的实际影响力等因素。①从历史角度看,美国在其建国初期一段时期内,并没有像今天这样扩大自己的管辖权,即使是在跨州案件的管辖上,也没有以最低联系作为衡量标准。所谓"长臂管辖权"方法是在20世纪50年代以后才通过司法实践发展出来的。英国则相反,早期英国法院的管辖权是很大的。在英国,"英格兰法院受理案件的权利,最初取决于被告能在英格兰被送达国王的传票"②。因此,"一个从巴黎飞往伦敦并打算当天返回的法国人,能被送达一个由该法国人引起的要求偿还债务给原告并在巴黎偿付的诉讼的传票"③。这种任意扩大的管辖权直到20世纪60年代以后才有所改变。从这些例证可以看出,一国对于涉外民商事案件管辖权的扩张是与该国在国际社会中的影响力分不开的。

从最高人民法院统计数据看,近年来我国法院每年处理的涉外案件中,海事海商案件和投资案件占很大比例。这说明我国法院处理的其他涉外案件还很少。这与我国目前对外开放的深度和广度并不适应。除海事海商案件,协议选择我国法院管辖,或者在没有协议选择的情况下,按照我国诉讼法规定应该由我国法院管辖的案件微乎其微,以至于我们很难找到有关法律适用和法律选择方法的国际私法案例。

---

① 参见刘卫国:《论国际民事管辖权的立法趋向》,载《法商研究》2001年第6期。
② 〔英〕莫里斯主编:《戴西和莫里斯论冲突法》(上),中国大百科全书出版社1998年版,第268页。
③ 同上。

国家政策和利益的体现不是简单的经济利益问题，还包括一国的法律和体现在法律内容中的国家政策取向。就管辖权与国际私法的关系而言，管辖权是法律选择适用的前提。世界各国法院在程序法问题上是原则适用法院地的程序法，同时按照法院地国的冲突规范进行法律选择（在当事人没有协议选择准据法时）。因此，我国法院对于涉外案件的管辖权决定了我国程序法、冲突法和实体法在涉外民商事关系中的适用。

从我国民事诉讼立法关于涉外管辖规定在司法实践中的效果看，我国尚未出现过度管辖的实际案例。我国《民事诉讼法》第22条虽然规定了原告住所地或经常居住地法院的管辖权，但对于不在中国境内居住的被告而言，只能是就有关身份关系的诉讼进行管辖，而不是针对一切争议的。至于以可供扣押的财产所在地作为管辖依据，主要是在海事争议中基于扣船而行使的管辖权。1991年我国《民事诉讼法》通过时，还没有专门规定涉外海事诉讼的管辖权问题，直到1999年才有了我国《海事诉讼特别程序法》。事实上，我国目前很少在海事诉讼以外单凭可供扣押的财产在我国而行使管辖权。就外国法人在我国境内设立的代表机构而言，即使争议不是因该代表机构本身的活动引起的，只要争议与该外国法人的正常业务活动有关，我国行使管辖权就是合适的。如果要求争议一定要与代表机构本身的活动有关，就可能限制我国国民对外国法人的诉讼。例如，某外国公司的产品长期在我国销售，但基于规避管辖权和我国法律的原因，该公司在华代表机构本身并不代表公司签订销售合同，而是负责联系订单和从事售后服务，那么我国公民针对该外国公司产品提起的诉讼就不能由我国法院管辖吗？如果以地域联系标准衡量，该外国法人不仅通过销售产品，而且通过建立联系机构和售后服务机构与我国建立了适当的联系，而不是最低的联系，我国法院就可以取得管辖权。

  当然,我们也需要考虑避免过度管辖的问题。避免过度管辖主要基于两个方面的考虑:一是遵守国际公约对各国管辖权的协调,避免管辖权冲突;二是避免给当事人诉讼造成困难。是否过度管辖不能仅凭立法条文设计臆想,而应当以是否与我国加入的国际公约相适应为标准。同时,最高人民法院也在有关民事诉讼法的司法解释中对非方便法院原则的行使条件进行了详细界定。① 这说明,我国对于涉外民商事管辖权的行使是平衡了积极管辖与协调管辖权冲突二者关系的。

  总体来说,确立我国涉外民商事案件管辖权的依据不能简单以国际社会正在自我限制的趋向为理由而缩小我国涉外管辖权范围。从涉外司法实践角度看,我国法院应当在严格依照立法规定的前提下,积极行使涉外民商事管辖权,从维护国家司法主权和便利当事人诉讼、保护其合法权益角度开展涉外案件的审理工作。

第二节　现状与需要解决的问题

  2012年《民事诉讼法》修正后,有关涉外民商事案件管辖权的立法有了一定调整。协议管辖不再是涉外案件所专有,国内案件也允许当事人协议选择管辖法院;但要求协议选择的法院应当与纠纷存在"实际联系",否则管辖协议会被视为无效。如何把握"实际联系"成为恰当行使管辖权的关键。同时,在涉外案件中,还有一部分涉及虽不在我国法院诉讼,但却需要通过我国法院采取财产保全措施,即行使程序性管辖权的问题。过去,我国对此问题重视不够。将其仅仅视为对外国法院的司法协助,存在消极

---

① 参见《最高人民法院关于适用〈中华人民共和国民事诉讼法〉的解释》第532条。

行使保全管辖权的问题。另外,行使涉外管辖权与支持仲裁的关系如何平衡也需要进行新的把握。

一、关于协议管辖与"实际联系地"

我国2012年修正的《民事诉讼法》第34条规定:"合同或者其他财产权益纠纷的当事人可以书面协议选择被告住所地、合同履行地、合同签订地、原告住所地、标的物所在地等与争议有实际联系的地点的人民法院管辖,但不得违反本法对级别管辖和专属管辖的规定。"新的协议管辖立法不仅适用于涉外民商事案件,还适用于国内案件。这充分体现了对当事人意思自治、协议选择争议管辖法院的尊重。新的立法除了保留协议管辖的实际联系要求外,还通过列举的方式解释说明什么是"实际联系地",以达到保护国家司法主权,维护处于弱势谈判地位当事人的立法目的。

不过,单纯从立法条文表述的文义看,似乎只要当事人选择了"原告住所地""被告住所地""合同签订地""合同履行地""标的物所在地"这五个地点之一,不论在个案中,被选择的地点是否真的与争议存在实际联系,即符合了"实际联系地"的要求,当事人之间的管辖协议即为有效。然而,这只是先验的假设,而非真实、普遍的真理。实际上,满足上述五个列举的地点之一只是体现了实际联系的可能性,是否真的具有实际联系,还需结合具体案情和诉由才能确定。立法将这五种可能性认定为天然地具备实际联系,会妨碍立法目的的实现,对维护我国涉外管辖权形成障碍。

早在2004年,最高人民法院民四庭曾对"实际联系地"标准解答为:"应当综合考察当事人住所地、登记地、主要营业地或者营业地、合同签订地、合同履行地、标的物所在地等诸多因素。"①2005年的《第二次全国涉外商事海事审判工作会议纪要》中重申了上述判断标准。② 这无疑是正确的,说明判断是否存在实际联系不能简单地以一个先验假设的连结点作为判断标准。然而,2012年修正的《民事诉讼法》在吸收司法解释的精神时出现了偏差,武断地将几个可能存在实际联系的地点直接以列举的方式写进了实际联系地标准,导致司法实践中法院不再能够审查这些连结点与案件是否存在实际联系,只能假设一旦选择了上述地点之一,就当然地满足了"实际联系地"的要求。很显然,这与客观实际情况不符。遗憾的是,2015年《最高人民法院关于适用〈中华人民共和国民事诉讼法〉的解释》并未就协议管辖中实际联系标准的运用作详细说明。这是司法审判因新立法的变化而发生了态度的转变,还是疏忽了对该立法条文的矫正,不得而知,因而仍有澄清的必要。

(一)原、被告住所地与案件争议是否具有当然的实际联系

在2012年修正的《民事诉讼法》出台后,由于被告住所地已经被认可为法定的实际联系地,从理论上看,约定承运人住所地法院为管辖法院的协议管辖条款应当被认可。作为这种理解的体现,2013年广东省高院在上海迅欧国际货运代理有限公司(下称"上海迅欧公司")、厦门联合物流有限公司(下称"厦门联合公

---

① 对于如何理解"与争议有实际联系",2004年最高人民法院民四庭公布的《涉外商事海事审判实务问题解答(一)》第1条指出:"《中华人民共和国民事诉讼法》第244条规定,涉外合同或者涉外财产权益纠纷的当事人可以用书面协议选择与争议有实际联系的地点的法院管辖。理解'与争议有实际联系',应当综合考察当事人住所地、登记地、主要营业地或营业地、合同签订地、合同履行地、标的物所在地等诸多因素。"

② 《第二次全国涉外商事海事审判工作会议纪要》第4条规定:"人民法院在认定涉外商事纠纷案件当事人协议选择的法院是否属于《中华人民共和国民事诉讼法》第二百四十四条规定的'与争议有实际联系的地点的法院'时,应当考虑当事人住所地、登记地、营业地、合同签订地、合同履行地、标的物所在地等因素。"

司")诉新洲电子(香港)有限公司(下称"新洲电子公司")一案①中认可了约定由被告住所地法院管辖的条款效力。在该案中,被告新洲电子公司委托原告上海迅欧公司、厦门联合公司运输一批货物从深圳盐田至西班牙 Vigo 港,后因无单放货产生纠纷。被告是在香港注册登记的公司,双方约定产生的纠纷由香港法院管辖。原告向货物起运地的广州海事法院起诉,被告提出管辖权异议。一审时,广州海事法院裁定驳回管辖权异议,理由是香港并非货物的起运港、目的港,也非海上货物运输合同签订地、涉案提单签发地或转运港。香港也非本案当事人的共同居所地,因此香港不是与本案争议有实际联系的地点。后被告不服一审裁判,上诉到广东省高院。广东省高院最终裁定管辖权异议成立,理由是香港属于被告住所地,约定香港法院管辖符合 2012 年《民事诉讼法》第 34 条的规定。

基于对于《民事诉讼法》"实际联系地"标准的同样理解,在吉林新元木业有限公司诉欧航(上海)国际货运代理有限公司案②中,提单背面的管辖权条款约定由香港法院排他管辖。辽宁省高院认为承运人住所地为香港,因此香港与该案有实际联系,香港法院对该案具有管辖权。而在一审中,大连海事法院以香港不属于实际联系地认定管辖权条款无效。该案中,货物起运港为大连港,目的港为鹿特丹港,提单的签发地和起运地为大连。与前述案件相同,香港仅仅是原告的住所地,除此之外与案件没有任何联系之处,应当不属于实际联系地。

从以上两个案件中可以看出,原、被告住所地与案件争议并没有实际联系。仅仅因为《民事诉讼法》对实际联系地的列举式规定,司法裁判即认定该管辖地点的约定满足了实际联系地标

---

① 裁判文书号:(2013)粤高法立民终字第 57 号。
② 裁判文书号:(2013)辽立一民终字第 62 号。

准。那么,应当如何理解《民事诉讼法》第 34 条中的实际联系地标准呢？选择了原告住所地或被告住所地就一定符合实际联系地的要求吗？

就海上货物运输关系而言,与海上货物运输合同纠纷有实际联系的地点可能有当事人住所地、登记地、主要营业地或营业地、合同签订地、合同履行地、标的物所在地、起运港、目的港、转运港、装货地、卸货地和提单签发地等。不可否认,在某些情况下,承运人住所地也可能与案件争议存在实际联系。例如,托运人委托承运人将一批货物由上海运至法国马赛。提单中约定位于目的港的马赛法院为管辖法院,而承运人的住所地也在马赛。在这种情况下,承运人住所地即马赛属于与案件有实际联系的地点。在承运人的住所地与起运港、目的港、装货地、卸货地或者转运港、提单签发地或者运输合同签订地等要素重合时,承运人住所地与运输合同纠纷之间是存在实际联系的。换句话说,只有当原、被告的住所地与合同签订地、履行地竞合的时候,才有了真实的联系。然而,在大多数情况下,相比于货物的起运港、目的港、转运港、装货地和卸货地等地点,承运人住所地与争议之间并没有实际联系。例如,托运人委托承运人法国达飞公司将一批货物从荷兰鹿特丹运至中国上海。托运人为中国法人,提单签发地在鹿特丹,起运港为鹿特丹,目的港为上海,中途停靠孟买、新加坡等港口,但并不停靠法国马赛港。承运人住所地在马赛。因货损、货差原因,收货人与承运人发生纠纷。提单中约定法国马赛法院为管辖法院。在这种情况下,马赛除了是船方公司所在地外与案件争议没有任何联系。可见,先验地认为原、被告住所地与案件或者当事人之间的合同纠纷存在实际联系的假设是不成立的。①

除此之外,案件的诉由对于实际联系地的确定也起着一定的作用。例如,A 公司与 B 公司之间的争议焦点是海上货物运输合同中装卸费用具体条款的解释,或者其争议焦点是海上货物运输合同是否有效。在这种情形下,合同签订地就可能属于实际联系地。如果是托运人 A 公司诉承运人 B 公司违约,在这种情况下,合同签订地就不一定属于实际联系地了。

(二)"实际联系地"纳入协议管辖限制的目的与价值分析

在涉外协议管辖的实际联系要求上,我国持肯定立场。一些学者对此持批评态度,认为实际联系的要求违背了当事人意思自治的发展趋势,限制了当事人选择中立法院的可能性,对国际经济的发展不利,也不符合协议管辖制度的立法本意。② 然而,在我国协议管辖中加入"实际联系地"的限制标准,有着更深层次的目的考量。

1. 从当事人角度考量

从当事人的角度考量,"实际联系地"的限制标准可以适当保护在合同谈判中处于弱势地位的当事人。例如,处于强势地位的一方当事人借助格式合同、印刷条款、提单中的法院选择条款,将对自己有利的争议解决方式和地点放进去,迫使另一方当事人接受。这种有利包括诉讼方便、熟悉程度、距离远近等,并不一定意味着争议解决机构不公正,但会构成在争议解决方式上的相对优势,增加另一方解决争议的成本和负担。如果立法要求协议管辖条款所选择的法院地应当与案件有实际联系,就适当限制了这种一方当事人滥用优势地位选择法院的可能性。因此,在一定程度

---

① 又如,世界最大班轮运输公司——马士基公司的住所地在丹麦,在其班轮往来于中国港口与亚非港口的运输业务中,若提单载明丹麦的法院为管辖法院,很难看出丹麦与有关争议之间存在实际联系。

② 参见李浩培:《国际民事程序法概论》,法律出版社 1996 年版,第 64 页。

上可以起到保护弱势当事人的目的。

2. 从国家角度考量

首先,从国家公共利益的维护方面来看,国际民事诉讼管辖权从根本上仍是主权国家对有关争议进行裁判的权力,是国家主权的具体表现形式之一。管辖权仍然要承载和负担一定的国家职能、实现和维护特定的国家利益。① 当事人双方在进行法院选择时,通常仅考虑其自身的得失,而不会考虑其选择可能对第三人或者法院地的影响,这就无法避免发生因法院选择而侵害法院地国的重大利益、基本政策以及公共秩序的问题。在涉外协议管辖制度中要求实际联系地标准是维护国家司法主权的必然要求。

其次,当事人在合意选择法院时,通常会考虑下列因素:法院办案的公正性、诉讼在语言和交通方面的便利程度、对选择法院的熟悉程度、裁判可能适用的准据法、判决能否被承认和有效执行等。② 从实践角度看,在我国的大多数涉外商事合同中,争议解决条款往往是由外方当事人拟定并要求我国当事人同意的。③ 例如,在很多国际海上保险合同中都会有以下条款:"凡因本协议引起的或与本协议有关的任何争议,由英国法院排他管辖,并且适用英国法。"正如韩国政府在对2005年海牙《选择法院协议公约》的前身1999年《民商事管辖权及外国判决公约》发表的评论中所指出的那样:最高法院从来没有处理过一件由外国当事人之间协议选择韩国法院的案件。④ 这就会导致一部分国家面临涉外案件

---

① 参见吴一鸣:《国际民事诉讼中的拒绝管辖问题研究》,法律出版社2010年版,第256页。
② 参见许军珂:《国际私法上的意思自治》,法律出版社2006年版,第257页。
③ 随着我国经济实力的增强和企业实力的增强,我国企业在对外商事合同谈判中地位不断提高,已经在个别经济领域和个别类型的海外投资合同中改变弱势谈判地位,但从总体上看,还不乐观。
④ 资料来源:http://www.hcch.net/upload/wop/jdgm_pd14kr.pdf,访问日期:2015年9月10日。

数量的逐渐减少及判决承认与执行的逐渐增多。最终结果就是国际民商事管辖权的不合理分配,导致法制相对不完善国家的法治水平难以得到提升。因此,将实际联系标准纳入协议管辖制度内,可以防止一些案件的国际转移。

从价值分析角度看,"实际联系地"是对当事人意思自治的适当限制,用以保护弱势地位的当事人处于公平的诉讼地位,避免弱势当事人被迫接受不利于自己的管辖法院。根据私法自治的理念,理智的人都不会订立损害自己利益的契约。① 在私法领域,只要私人行为没有影响到公共利益和第三方权益,公权力没有必要介入和干涉。然而,由于社会的复杂结构、经济形态的多样性及单个个体的需求的多层次性,决定了纯粹的私法领域是不存在的。② 由于意思自治原则同样是国际私法中当事人选择争议解决机构和解决地点的理论依据,因此与法律适用领域受到限制相同,国际民事诉讼中管辖权领域也应受到相应的限制。协议管辖在赋予某些法院以管辖权的同时也剥夺了另一些法院的管辖权。这不仅会对当事人的诉讼权利和实体权利产生直接或间接的影响,而且也会对国家的司法权益和公共政策造成某些冲击。③ 因此,从协议管辖制度确立之日起,根据社会环境、各国的法律制度以及经济状况的不同,各国在承认协议管辖制度的同时都对其进行了不同程度的限制。

例如,美国在 1972 年的 M/S Bremen v. Zapata Off-Shore Co. 案(以下简称"Bremen 案")中认可了当事人选择法院条款的效

---

① 参见金彭年、王健芳:《国际私法上意思自治原则的法哲学分析》,载《法制与社会发展》2003 年第 1 期,第 99—100 页。
② 参见王克玉:《论〈选择法院协议公约〉视角下的意思自治原则》,载《广西政法管理干部学院学报》2009 年第 2 期,第 121 页。
③ 参见许军珂:《国际私法上的意思自治》,法律出版社 2006 年版,第 202 页。

力,改变了长久以来美国法院对于协议管辖条款的否定态度。① 法院认为,一个通过自由协商而达成的国际私法协议,如果没有受到欺诈、不正当影响或者交易能力不对等的影响,没有理由不赋予其效力。选择法院条款应当被接受,除非其是不合理和不公正的。② 但是,协议管辖条款并不是当然有效,如果存在以下情况,法院仍然可以拒绝执行协议管辖条款:(1)协议管辖条款的构成有缺陷。如选择法院条款是通过欺诈或显失公平达成的,或者某些领域存在对协议管辖条款的成文法限制。(2)协议管辖条款不合理。即当事人选择的法院不是中立法院或者选择的法院存在严重的不方便。(3)违反美国的公共政策。③《第二次冲突法重述》第 80 条规定:"当事人对诉讼地点的协议被赋予效力,除非它是不公平或不合理的。"其对于当事人合意选择管辖法院同样也进行了限制。

大陆法系国家也在立法中相继对协议管辖制度加以肯定,几乎所有国家和地区的立法都规定了此种制度。④ 例如,在形式要件方面,《瑞士联邦国际私法》第 5 条第 2 项规定:如果管辖法院的选择导致以滥用的方式剥夺瑞士法律所规定的某一地方的管辖法院对一方当事人确切的保护,此选择无效。在适用范围方面,《加拿大魁北克国际私法典》第 3148 条规定:对于具有财产性质的对人诉讼,当事人通过协议将他们之间因某种特定法律关系而产生的争议提交到魁北克当局或被告承认当局有管辖权,则魁

---

① See Kurt H. Nadelmann, Choice-of-Court Clauses in the United States: The Road to Zapata, *The American Journal of Comparative Law*, Vol. 21, No. 1, 1973, p.124.
② See M/S Bremen v. Zapata Off-Shore Co. , 407 U. S. 1(1972).
③ See M. Richard Cutler, Comparative Conflicts of Law: Effectiveness of Contractual Choice of Forum, *Texas International Law Journal*, Vol. 20, 1985, pp.106-110.
④ 如 1950 年《德国民事诉讼法》、1964 年《捷克斯洛伐克国际私法及国际民事诉讼法》、1976 年《法国新民事诉讼法》、1987 年《瑞士联邦国际私法》、1995 年《意大利国际私法改革法》、1966 年《日本新民事诉讼法》等。

北克当局有管辖权。[1]

在涉外协议管辖上规定实际联系标准是为了限制涉外民事关系中强势地位的当事人的自由选择权,增加管辖权领域中的公平性。我国 2012 年《民事诉讼法》的规定恰恰忽视了这一点。即不加区分地将上述国内协议管辖中的五个实际联系地都认为是涉外协议管辖中的实际联系地,忽视了在涉外商事交易中,谈判权强势一方的当事人会通过将自己的住所地、经常居所地放入协议管辖条款中,从而达到困扰处于弱势谈判地位的另一方当事人、增加诉讼成本、适用有利于自己的本国法的目的。

考虑到我国当事人在涉外商业活动中多数情况下处于弱势地位,合同中的协议管辖条款通常都会选择外国法院作为管辖法院。假如所有的航运公司都在海上货物运输合同中约定其住所地法院为协议管辖法院,那么所有的协议管辖条款都会符合实际联系地原则。这样的规定将会导致我国本应管辖的案件大量外移。承认和执行判决的情况越来越多,这也不利于我国建设国际海事司法中心目标的实现。[2]

对于"实际联系地",未来有必要由最高人民法院通过司法解释的形式再次释明,以达到立法目的与实施效果的统一。

二、重视保全性管辖权的行使

所谓保全性管辖,也称"程序性管辖",是相对于实体纠纷管辖而言的。一国法院对涉外民商事实体纠纷无管辖权,但是由于财产位于该国境内,或者有关键证据位于该国境内,需要通过财

---

[1] 参见何其生:《比较法视野下的国际民事诉讼》,高等教育出版社 2015 年版,第 186 页。

[2] 参见最高人民法院周强院长在第十二届全国人大四次会议上所作的《最高人民法院工作报告》,http://lianghui.people.com.cn/2016npc/n1/2016/0313/c403052-28194909-2.html,访问日期:2016 年 6 月 2 日。

产或者证据所在地国家法院予以查封、扣押、冻结或者对证据提取和固化,以保障实体案件审理的顺利进行和判决能够得到有效执行。因保全内容的不同,保全性管辖大体上可划分为两类:财产保全管辖与证据保全管辖。

过去,我国司法实践中存在误区,认为只有法院享有实体案件管辖权时,才能行使保全性管辖权;如果没有实体案件管辖权,则不能行使或者不愿行使保全性管辖权。应该认识到的是,充分行使保全性管辖权,不仅仅是保护当事人利益的需要,也是维护国家司法主权和遵守国际条约义务的体现。

2013年9月,我国游轮"海娜号"在韩国被济州地方法院扣押一事引起国内轰动①,也使保全性管辖概念引起学界重视。在对新闻事件最初的反应中,国内媒体、部分法学人士都因不了解保全性管辖,而对韩国法院行使管辖权、扣押我国"海娜号"提出了质疑。② 事实上,韩国地方法院的做法既符合其国内诉讼法的规定,也符合有关国际船舶扣押公约的规定。

韩国济州地方法院是应仲裁裁决一方当事人的请求,为执行仲裁裁决而对停留于韩国济州港口的"海娜号"采取财产保全。作为财产所在地国家,对于财产保全申请当然具有管辖权。国内部分媒体和学者之所以提出质疑,就是没有分清案件的实体管辖与财产保全管辖之间的差异,以为协议约定了仲裁地和管辖法院就排除了一切其他法院的管辖措施。这是错误的。随着时间流逝,当案件事实清晰地呈现出来时,对韩国法院行使管辖权的质

---

① 在"海娜号"被扣押后,由于媒体报道主要集中在游客被困游轮上,因而出现情绪化的指责言论。事实上,韩国法院并没有扣押船上游客。从法律关系角度分析,游客应当由游轮的船东负责疏导和安排上岸、转乘其他运输工具回国。

② 参见《旅游和法律界人士谈"海娜号"被扣事件》,http://news.carnoc.com/list/261/261727.html,访问日期:2016年6月2日。

疑也就可以消除了。①

（一）保全措施与保全性管辖权

在采取保全措施方面，存在一个认识上的误区，以为只有享有实体案件管辖权的法院才可以行使保全管辖权。其实，这种认识与我国民事诉讼法的规定不符。在 2012 年《民事诉讼法》修正以前，《最高人民法院关于适用〈中华人民共和国民事诉讼法〉若干问题的意见》第 31 条就规定："诉前财产保全，由当事人向财产所在地的人民法院申请。在人民法院采取诉前财产保全后，申请人起诉的，可以向采取诉前财产保全的人民法院或者其他有管辖权的人民法院提起。"因此，采取了诉前财产保全的法院未必享有实体案件审理的管辖权。最高人民法院关于如何理解《最高人民法院关于适用〈中华人民共和国民事诉讼法〉若干问题的意见》第 31 条第 2 款的批复规定："在人民法院采取诉前财产保全后，申请人起诉的，应当向有管辖权的人民法院提起。采取诉前财产保全的人民法院对该案有管辖权的，应当依法受理；没有管辖权的，应当及时将采取诉前财产保全的全部材料移送有管辖权的受诉人民法院。"可见，享有保全管辖权的法院除了实体案件的受理法院外，还包括财产所在地的法院。通过司法解释，这一由立法表达不清所造成的疑问得到了澄清。

行使涉外保全管辖权时，或许案件的实体审理在外国法院，或许当事人之间的争议应当通过仲裁方式解决，但这并不妨碍财产所在地法院行使财产保全管辖权。依照 1994 年 7 月 6 日公布的《最高人民法院关于海事法院诉讼前扣押船舶的规定》，"扣押船舶，不受当事人之间的关于该海事请求在管辖、仲裁或法律适用方面的协议的约束"。1999 年 12 月 25 日颁布的《海事诉讼特

---

① 参见《"海娜号"韩国被扣，海航做错的七件事》，http://view.163.com/special/reviews/haihang0917.html，访问日期：2016 年 11 月 23 日。

别程序法》第 14 条也规定:"海事请求保全不受当事人之间关于该海事请求的诉讼管辖协议或者仲裁协议的约束。"从实践看,我国海事法院系统已经管辖了许多涉外船舶保全申请案件,积累了丰富的经验。

然而,由于《民事诉讼法》对保全法院的确定缺乏明确规定,人民法院对于海事请求保全以外的财产保全,常以存在管辖协议或仲裁协议为由而拒绝受理当事人提出的保全申请,从而造成当事人的财产保全申请权难以得到及时有效的保障,进而造成其实体权益无法实现。特别是在当事人签订有仲裁协议但仲裁程序尚未开始的情况下,更易造成权利人申请救济的困难。因为,依据我国民事诉讼法和仲裁法的规定,在仲裁过程中,当事人可以向仲裁委员会申请财产保全,并由仲裁委员会将该申请提交给有关的人民法院裁定,但在仲裁程序尚未开始时,当事人应当如何申请财产保全则显然是一个立法"真空"。①

(二) 行为保全与管辖

行为保全制度,过去在我国长期未得到应有的重视。这主要归因于改革开放之初我国经济还不够发达,导致在认识上未能分清需要保全的行为与侵权之间的界限,以为通过法律对侵权行为进行规制就可以解决。事实上,当时我国诉讼实践与传统理论都把保全的对象局限于财产。1991 年颁布的《民事诉讼法》则进一步把"诉讼保全"改名为"财产保全",从名义与实质上彻底将行为保全排除在外。

然而,实践中却发生了需要通过司法措施防止某些不当行为发生的情况,如一方当事人不顾另一方当事人的警告和已经提起民事诉讼,继续侵犯当事人权益。如果任由一方当事人继续实施

---

① 参见刘学在:《财产保全之管辖制度的缺陷与完善》,载《中南民族学院学报(人文社会科学版)》2001 年第 5 期。

侵权行为,则可能导致判决结果的执行变得毫无意义,或者失去应有的价值。为此,最高人民法院不得不采取变通的方式,以司法解释的方法,在财产保全的名义下发布制止不法行为继续发生的裁定。例如,1992年《最高人民法院关于审理专利纠纷案件若干问题的解答》规定:"在人民法院审理专利侵权案件中,经常发生侵权人利用请求宣告专利权无效故意拖延诉讼,继续实施侵权行为。为了有效地依法保护专利权人的合法权益,避免侵权损害的扩大……专利权人提出财产保全申请并提供担保的,人民法院认为必要时,在裁定中止诉讼的同时责令被告停止侵权行为或者采取其他制止侵权损害继续扩大的措施。"最高人民法院的这个司法解释,名义上为财产保全,但其实是针对侵权人的行为采取保全措施,实质上属于行为保全的范畴。

在民事诉讼立法中率先规定行为保全的是《海事诉讼特别程序法》。为了适应海事海商诉讼中船舶扣押的需要,海事法院需要通过下达裁定禁止船舶离港或禁止交货等,2000年7月1日开始实施的《海事诉讼特别程序法》第四章就规定了海事强制令制度。所谓海事强制令是指海事法院根据海事请求人的申请,为使其合法权益免受侵害,责令被请求人作为或者不作为的强制措施。当事人可以在诉前或诉讼中申请海事强制令。2012年修正后的《民事诉讼法》仍然没有明确规定行为保全,因此,最高人民法院也就没有在2015年的司法解释中涉及行为保全问题。

在现实生活中,除了海事诉讼中会用到行为保全以外,一般商业争议中也会出现要求采取行为保全的情形。例如,知识产权侵权行为、其他商业侵权行为等。在涉外商事审判中,商业侵权案件尤其需要通过行为保全的方式获得及时救济。因此,最高人民法院应当进一步通过司法解释方法为商事案件审判规范行为保全措施。

（三）保全管辖与国际公约

在我国加入的国际公约中，有许多涉及相关商业纠纷的管辖权问题。我国既然加入了，那么不论是作为国际条约义务，还是作为国际司法权分配的结果，都应充分行使条约项下的管辖权。这既是遵守条约义务所需要的，也是维护国家对外司法主权的体现。

这些国际条约中对管辖权分配的界定，有些可以通过我国民事诉讼法已有规定实现，如有关扣船管辖权，在我国的《海事诉讼特别程序法》中已经有所体现。遵循该法的规定行使涉外海事海商管辖权，就可以充分实现国际条约项下的管辖权规定。如1929年《统一国际航空运输某些规则的公约》、1951年《国际铁路货物联运协定》、1952年《关于统一船舶碰撞中民事管辖权若干规则的公约》等。

还有一些条约中的管辖权，我国国内立法还不能够充分体现，或者还没有配套立法或修改国内立法与之相衔接。例如，《联合国海洋法公约》赋予沿海国在专属经济区内的资源开发权和司法管辖权。我国《民事诉讼法》和《海事诉讼特别程序法》中却没有相应地跟进。又如，有关打击海盗的国际公约规定了普遍管辖权，但我国刑法中缺乏明确的海盗罪，刑事诉讼立法中也没有对于犯罪行为地和结果地都不在我国领域内的海盗犯罪规定管辖法院。这种情况导致我国长期以来对海洋上的犯罪打击和审判活动局限于发生在我国领域内的情形，同时也严重制约了我国海洋主权的维护。

2016年8月，最高人民法院发布了《最高人民法院关于审理发生在我国管辖海域相关案件若干问题的规定（一）》和《最高人民法院关于审理发生在我国管辖海域相关案件若干问题的规定（二）》，分别就我国管辖海域的司法管辖与法律适用相关问题进行了明确规定。虽然这带有明显的造法色彩，但在立法缺位的情况下,对于维护我国涉外司法主权,对于优化我国涉外民商事司法机制仍然具有积极作用。

在上述司法解释中,明确我国司法管辖的海域为中华人民共和国内水、领海、毗连区、专属经济区、大陆架,以及中华人民共和国管辖的其他海域,中国公民或组织在我国与有关国家缔结的协定确定的共同管理的渔区或公海从事捕捞等作业的,也适用此规定。

上述司法解释对于我国法院积极行使涉外民商事管辖权起到了积极作用。受此司法解释的鼓舞,目前,海事法院系统和海商法学界正在讨论将海事法院管辖业务扩张到包括刑事和行政案件的综合性海事法院。①

三、非方便法院原则的适用

对于非方便法院原则,长期以来,学界对其性质存在理想化的误读,将此制度奉为减少国际民商事管辖权冲突的有力武器,甚至以此质疑我国民商事管辖权过宽。在《民事诉讼法》修正后,乃至最高人民法院发布了关于《民事诉讼法》的司法解释后,仍不断有学术声音质疑和批评我国对于非方便法院原则行使的条件过于苛刻,不利于减少国际管辖权冲突。这一方面存在学界扩大了外国非方便法院原则运行实际效果的现象,另一方面也是对我国司法实践的盲目指责。

从国外司法实践看,非方便法院原则的目的在于公平对待案件当事人各方,便利案件的顺利解决,防止一方当事人利用或滥用国家司法管辖权达到有利于自己一方的案件处理结果。正因为如此,非方便法院原则是在内国法院根据本国立法享有管辖权

---

① 参见《涉海刑事案件管辖制度改革研讨会取得丰硕成果》,http://dlhsfy.chinacourt.org/article/detail/2016/07/id/2019728.shtml,访问日期:2016年11月25日。

基础之上的自我约束,而不是各国立法对本国管辖权的自我限制,是为司法实践中拒绝管辖某一具体涉外案件留出的最后渠道。这是根据非方便法院原则排除本国法院管辖的前提。[①] 如果说在立法层面需要考虑非方便法院原则的话,也应该是作原则性的规定,而不是否定法院对某类涉外案件的管辖权。

就目前世界各国的司法实践来看,当法院在某具体案件中作出不予管辖的裁决时,经常引用的不是本国法律规定无管辖权的理由,而是非方便法院原则。不论这种非方便法院的决定是否基于对外国管辖权的"礼让"[②],或者认为某外国法院是"最合适的法院"等原因[③],都没有否认本国法院拥有管辖权。这就充分说明了国家主权因素的作用,说明定位本国涉外管辖权和定位国际管辖权协调的不同。我们不能仅凭善良愿望而从立法上放弃本国司法主权在涉外案件管辖权中的充分体现。

2015年颁布的《最高人民法院关于适用〈中华人民共和国民事诉讼法〉的解释》第532条规定了非方便法院原则的行使条件:

(1) 被告提出案件应由更方便外国法院管辖的请求,或者提出管辖异议;

(2) 当事人之间不存在选择中华人民共和国法院管辖的协议;

(3) 案件不属于中华人民共和国法院专属管辖;

(4) 案件不涉及中华人民共和国国家、公民、法人或者其他组织的利益;

[①] 近些年来,研究"非方便法院原则"的文章很多,有些文章在论及"非方便法院原则"对我国的影响时,主张从立法上适当限制我国涉外管辖权的行使是不妥的。这种观点混淆了立法与司法的关系。

[②] 参见李双元、谢石松:《国际民事诉讼法概论》,武汉大学出版社2001年版,第318页。

[③] 同上。

(5) 案件争议的主要事实不是发生在中华人民共和国境内,且案件不适用中华人民共和国法律,人民法院审理案件在认定事实和适用法律方面存在重大困难;

(6) 外国法院对案件享有管辖权,且审理该案件更加方便。

对于上述行使条件,有学者认为过于苛刻,不利于抑制我国管辖权的扩张。这种质疑是不符合我国司法实践实际的。应该说,这个司法解释中关于非方便法院原则行使的条件是考察了我国司法实际后作出的成熟安排。早前曾有学者指出,在我国涉外管辖还不够充分的条件下,盲目跟进外国非方便法院原则的做法,不利于我国司法主权的维护,容易导致法官以此为借口回避应该管辖的涉外案件。① 也正是出于此担心,学界也有声音主张严格其实施条件,杜绝自由裁量权过大导致消极管辖现象的发生。②

从总体上看,在最高人民法院出台上述司法解释后,还需要一段时间来观察其实践运行情况。

四、支持仲裁理念对涉外管辖的影响

如前所述,保障我国涉外管辖权正常行使的前提语境是维护国家的司法主权,方便当事人进行涉外诉讼。因此,从理论上讲,充分行使涉外民商事管辖权与支持仲裁之间并无直接冲突与矛盾。一国司法主权是相对于其他国家司法权而言的,并非针对其他的争议解决方式。过去,实务界对这一点认识不够准确,导致出现苛求涉外仲裁协议的效力,通过否定仲裁协议效力而争取法院管辖权的现象。仲裁本身并不是对一国司法主权的侵蚀,而是

---

① 参见徐伟功:《我国不宜采用不方便法院原则——以不方便法院原则的运作环境与功能为视角》,载《法学评论》2006年第1期。

② 参见王祥修:《论不方便法院原则》,载《政法论丛》2013年第2期。

有益补允。仲裁的发展有助于减轻国家的司法负担。然而,对于具体法院而言,可能存在争夺案源的现象。这种严格限制仲裁协议效力的司法裁判也使我国涉外司法环境受到国外的质疑,认为过分干预仲裁协议效力妨碍了当事人意思自治选择争议解决途径和解决地点的自由。

上述从严掌握仲裁协议效力的习惯思维也可以从我国《仲裁法》本身找到部分原因。我国《仲裁法》颁布于1995年,当时出于谨慎的考量,我国立法没有允许国内临时仲裁形式的存在,而在海事海商和国际贸易中,当事人选择临时仲裁是一种常见现象。法院出于严格遵照《仲裁法》规定的原因而在涉外仲裁协议的审查上采取保守的态度是可以理解的。同时,司法与仲裁之间争夺案源的考虑也是原因之一。

这些年来,司法改革的一个主要内容就是减少法官员额,不再追求通过办案数量考查法院的年度成绩,同时法院的办案经费也得到了保障。在此背景下,法院越来越理解仲裁分流纠纷的有益之处。从最近几年的情况看,最高人民法院正通过不断发布的司法解释(如对具体案件请示的批复)最大限度地支持仲裁协议有效。2013年9月4日发布的《最高人民法院关于正确审理仲裁司法审查案件有关问题的通知》,要求下级法院审理此类案件作出裁定前必须逐级报请最高人民法院。上报制度实际上对下级法院欲认定仲裁协议无效,或者不执行外国仲裁裁决附加了限制性条件,使得涉外仲裁能够得到更宽松的环境,显示了支持仲裁的司法态度。

第三节 集中管辖现状分析与未来走向

我国涉外民商事案件的管辖存在一个立法没有明文规定,但现实生活中确实存在的管辖制度,即集中管辖制度。这个对于提高涉外民商事审判质量、提升国外当事人对我国司法环境满意度、促进国外投资者信心曾经发挥过积极作用的管辖制度,是否有必要继续保留,如何在法治的轨道内保持集中管辖的可取之处,对于深化司法体制改革,优化涉外司法环境是一个需要严肃面对的问题。

一、涉外集中管辖制度的缘起与主要内容

在我国改革开放的历史发展过程中,外商投资环境是一个党和政府十分重视的话题。在改革开放之初,司法机关从属于地方利益的色彩很浓。同时,由于各地经济发展水平不一,对外开放程度不同,也导致各地司法机关在审理涉外民商事案件上的水平差异很大。这样,被作为外商投资软环境标志之一的司法环境遭到一些外商的诟病,成为有损外商投资信心、不利于中国加入世界贸易组织的一个因素。[①] 为此,最高人民法院于2002年出台了《最高人民法院关于涉外民商事案件诉讼管辖若干问题的规定》。出台这个司法解释的目的在于实行集中管辖,排除地方干扰,维护司法统一,从而进一步实现司法改革"公正与效率"的主题,提升中国法治的权威性和公信力,创造良好的司法环境。[②]

依照该司法解释,以往分散由各基层、中级人民法院管辖的涉外民商事案件集中由少数收案较多、审判力量较强的中级和基层人民法院管辖,使这类案件的管辖具有跨区域性,提高了案件审级。调整后,只有少数基层、中级人民法院跨区域行使这一类案件的管辖权,并且大多数案件将由高级人民法院终审。

---

① 参见邬焕庆、曲志红:《缘何实行集中管辖》,载《经济日报》2002年3月18日。
② 参见何靖:《我国涉外民商事案件将集中管辖》,载《人民法院报》2002年2月26日第1版。

根据该规定,对第一审涉外民商事案件有管辖权的人民法院有:国务院批准设立的经济技术开发区人民法院,省会、自治区首府、直辖市所在地的中级人民法院,经济特区、计划单列市中级人民法院,最高人民法院指定的其他中级人民法院以及各高级人民法院。同时,上述规定也对需要集中管辖的涉外民商事案件的种类作了明确规定:(1)涉外合同和侵权纠纷案件;(2)信用证纠纷案件;(3)申请撤销、承认与强制执行国际仲裁裁决的案件;(4)审查有关涉外民商事仲裁条款效力的案件;(5)申请承认和强制执行外国法院民商事判决、裁定的案件;(6)对于发生在与外国接壤的边境省份的边境贸易纠纷案件,涉外房地产案件和涉外知识产权案件,不适用本规定;(7)涉及香港、澳门特别行政区和台湾地区当事人的民商事纠纷案件的管辖,参照该规定处理。

早在最高人民法院颁布该规定之前,就已有地方法院采取集中管辖的办法。江西省高级人民法院于2000年制定的《关于调整全省第一审民事、经济纠纷案件争议金额标准的规定》,对涉外和涉港澳台第一审民事案件包括婚姻继承案件规定统一由中级人民法院管辖,各基层人民法院不再审理此类案件。

经过近十年的运行,随着我国对外开放的深入和涉外经济的迅速发展,以往能够审理涉外民商事案件的法院面临案件饱和,超负荷运转的现象。2011年,最高人民法院又对涉外案件管辖法院进行了扩充和调整,可以受理一审涉外民商事案件的基层人民法院增加到67个,中级人民法院增加到167个。[①] 随着形势的发展,涉外民商事案件管辖权逐步放开是趋势,但目前还没有完全恢复到《民事诉讼法》立法规定的范围。

[①] 参见《最高法调整涉外民商事案件集中管辖格局》,载《法制日报》2011年1月11日第5版。

二、关于集中管辖的利弊分析与未来发展

由于集中管辖制度是通过司法解释的方式施行的,其收紧一审涉外民商事案件管辖权的做法与《民事诉讼法》的立法条文明显不符,很难符合"司法解释"的功能。因此,这从一开始便受到诟病,认为其存在破坏法治之嫌。当然,从当时的客观需要来说,也有其值得肯定的地方。例如,确实在一定程度上保障了涉外民商事审判质量,避免了地方保护主义的消极影响等。

有学者认为,集中管辖与民事诉讼法并不抵触:"从立法精神和司法效果看,并不构成与现行法律规定的实质抵触。当一项法律制度在实践中明显暴露其缺陷时,通过有司法解释权的机关根据形势发展的需要,在一定范围内突破法律的某些不合时宜的规定,是符合法治精神的。"①同时,也强调了采取集中管辖的客观理由,如中国"入世"的需要、保护外商投资环境的需要等。其中一个需要引起注意的技术性理由是:"大量的判例和大量外国法的查明,以及国际条约、国际惯例的掌握,都需要有一支素质较高的涉外审判队伍,而目前我国法院还缺乏这方面的人才。为了保证涉外案件得到公正、高效的审理,集中法院优势审判力量审理案件无疑也是实行集中管辖的目的之一。"②

关于集中管辖最多的批评不是对于集中管辖形式本身,而是通过司法解释的方式是否破坏法治。此外,对于需要集中管辖的纠纷范围,司法解释也存在不科学、不规范的现象。③

笔者以为,集中管辖制度除了上述弊端外,还存在以下问题:

---

① 黎章辉:《涉外民商事案件集中管辖要论》,载《人民司法》2002年第7期。
② 同上。
③ 参见丁伟:《我国对涉外民商事案件实行集中管辖的利弊分析——评〈最高人民法院关于涉外民商事诉讼管辖权若干问题的规定〉》,载《法学》2003年第8期。

集中管辖只能在短期内暂时解决涉外审判质量问题,但并没有从长远、整体上提升。这是因为,将涉外民商事案件集中到少数法院管辖,只是一项硬性的规定,缺乏具体保障措施。例如,没有解决优秀涉外法律人才集中到少数法院涉外审判岗位的问题,不过是让这些少数法院的法官通过多办案的方法达到"久病成良医"的效果。这样的效果是值得怀疑的。一旦案件数量超出具体法院可以承受的载荷,受法院编制限制,该法院将无法高效运转。事实上,正是由于这个原因,最高人民法院不得不多次下放涉外案件管辖权,扩大可以受理涉外民商事案件的法院范围。

对于这些已多年没有审理过涉外民商事案件的法院,如今重新受理涉外案件,应当如何保证涉外案件质量?曾经办理过涉外案件的法官或许已经多数退休,不在审判岗位了,而新手又无法直接从其他法院获得审判经验。虽然,这些年来进入法院审判岗位的法律人才在学历上已经有很大提高,几乎都受过高等法学教育,但仍无法保证审判质量。与当初设想集中管辖的目的相比,这就形成一个悖论。

如果是从克服地方保护主义的目的出发,集中管辖也不能达到目的,或者说克服地方保护主义的解决办法不应是简单地提高审级,而是采取避免地方法院过分依赖地方政府的有效措施,如法院司法人员的全省统一招录、聘用、晋升,办案经费的省级财政保障等措施。

鉴于上述思考,不论是从维护法治权威的角度,还是从提高涉外审判质量的角度看,取消涉外民商事案件集中管辖都是必要的。不恰当的方法并不能真正地解决问题,而只能是回避问题、拖延问题的真正解决。

第四章
涉外审判程序和裁判中的操作问题

优化涉外司法环境的目的在于提高涉外审判质量。在保障审判质量的诸因素中,涉外送达的有效进行涉及当事人诉讼权益的保障,是诉讼程序公正的内在要求;涉外取证与外国文书的认证则是查明案件事实的基础;涉外裁判文书的制作与表达则是裁判水平的集中体现。因此,针对在涉外送达、取证和文书认证、裁判文书制作中存在的问题采取针对性的完善措施,是优化司法环境的重要举措。

第一节　涉外送达

涉外送达是指受理案件的人民法院将诉讼文书向位于我国境外的当事人送达,以保障其知晓案件程序进行、及时向法院提供证据、提出主张以维护自己合法权益的一种司法行为。与国内送达不同,涉外送达因涉及司法文书向境外当事人的寄送,可能会遇到与国内送达不同的法律障碍和实际困难,需要从立法上、制度上,以及对外司法协助等方面予以保障。

一、涉外送达的特殊性

涉外送达的特殊性表现为以下几个方面:

(一)司法主权的冲突

由于维护国家司法主权的原因,一国在未经另一国允许的情况下,可能无法将司法文书有效送达到另一国的当事人手中。例如,另一国法律不允许对位于该国境内的当事人直接邮寄送达诉讼文书,或不允许当事人自己委托另一国的律师或代理人送达诉讼文书。这样,位于另一国境内的当事人可能无法知晓发生在法院地国家的诉讼,因而无法及时、有效地主张自己的权利。

从民事诉讼本身看,发生在一国境内的民事诉讼案件未必会对另一国的司法主权产生直接冲击,当事人个体的诉讼权益也与国家利益无直接关系,但如果另一国法院无合法管辖权,或者另一国法院管辖案件会对本国法院行使管辖权造成不利影响,那么,基于管辖权的冲突会影响国家之间在涉外送达方面的配合。

司法主权对涉外送达的直接影响表现为,一国是否允许另一国法院直接向位于本国境内的当事人进行送达,是否需要通过当事人所在地国家司法机关的协助。通过否定直接送达、要求通过本国司法机关中转的方式,一国可以审核需要转交的法律文书是否与本国主权相抵触,从而决定是否转交当事人。另外,一国还可通过确定外国法院是否可以直接送达,以及应当如何送达的规定对外国法院的判决表明立场:对于没有妨碍本国法院司法管辖权且符合本国规定的送达方式下作出的判决,才会承认与执行,否则会以违反公共政策和违反程序公正为由不予承认和协助执行。

因为司法主权的冲突,才有了海牙《关于向国外送达民事或商事司法文书和司法外文书公约》(简称《海牙送达公约》),规定各成员国可通过"中央机关"进行转送。涉外送达的核心是"域外送达",即向位于法院地以外国家的当事人送达。文书的送达需要跨国,才会涉及另一国司法主权维护的问题。如果是在涉外案件中,法院向位于本国的外国当事人送达,则不会涉及另一国司法主权,因为被送达的文书并未跨出国境。

2002年初,在珠海市香洲区人民法院审理的一起中国消费者状告德国奔驰汽车公司产品责任纠纷一案中,法院向受送达人德国奔驰汽车公司在北京设立的办事处送达诉讼状副本时,北京办事处提出异议,认为中德两国均为《海牙送达公约》的成员国,应当依照该公约规定的程序送达,并否认法院向其送达的效力。①最高人民法院在《关于向国外公司送达司法文书能否向其驻华代表机构送达并适用留置送达问题的批复》中明确解释:当受送达人在中国领域内设有代表机构时,人民法院可根据1991年《民事诉讼法》第247条第5项规定向受送达人在中国领域内设立的代表机构送达文书,而不必根据《海牙送达公约》向国外送达。同时,根据我国《民事诉讼法》第237条的规定,人民法院向外国公司的驻华代表机构送达诉讼文书时,可以适用留置送达方式。

(二) 不同国家送达制度的差异

由于各国民事诉讼法律不同,送达制度也不一样。大陆法系国家将文书送达视为法院开展司法活动的组成部分,认为文书送达是一种公权力行为,不能任意由私人处分。送达的方式也由立法明文规定,不得任意违反。英美法系国家则区分不同情况,将法院本身送达的裁判文书或法院发出的司法文书的送达看作公权力的形式,而对于诉状的送达则视为私人处分诉权的行为。由此,在英美法系国家,当事人起诉和答辩时,一般由当事人自己或其代理律师直接向对方当事人送达诉讼文书,采取的方式也多为邮寄送达方式。正是因为英美法系国家将当事人之间的诉讼文书视为当事人处分私权的行为,所以并不认为这会导致另一国司法主权被侵犯。② 由于这种法律观念差异或者说法律文化差异,各国在涉外送达的具体制度方面存在较大差异。

以美国为例,美国民事诉讼起诉状和传唤状的送达主要不由

---

① 参见徐丽丽:《我国涉外送达的送达方式及法律适用的协调》,载《当代法学》2003年第10期。

② 参见何其生:《我国域外送达机制的困境与选择》,载《法学研究》2005年第2期。

法院官员执行,而是由当事人承担。这种制度设计的理论依据是英美法当事人主义的诉讼模式,即诉讼是当事人私人的事情,原告向被告送达起诉状和传唤状是天经地义的。基于民事诉讼和民事送达私人属性的认识而设计的当事人送达制度安排,是以当事人送达为主、以法院职权送达为辅的原则。美国民事诉讼法规定,传唤状和传票的送达主要是依据当事人申请启动并由当事人自行送达,其他令状则依职权送达。[1]

我国有关送达的立法和司法制度,是基于很强的职权主义色彩而制定的:民事送达不分文书种类和原告身份,一律由人民法院负责送达,送达是法院单方的职责和诉讼义务,诉讼中由此产生的不能送达的风险和诉讼拖延责任也由法院单方承担。当事人在送达中并没有真正地参与,因而带有完全的公权力色彩。由此,对司法主权的重视也就更强烈一些。

在具体送达方式上,各国也存在差异,这主要表现在对待是否可以邮寄送达和是否可以由当事人送达两个方面。在《海牙送达公约》的缔约国中,阿根廷、保加利亚、德国、希腊、韩国、立陶宛、墨西哥、挪威、斯里兰卡、瑞士、捷克斯洛伐克、土耳其、乌克兰、委内瑞拉反对使用这种方法,而美国、英国、澳大利亚、印度、荷兰、泰国、缅甸、智利、多哥、扎伊尔、葡萄牙等国则不反对这种方式送达,并且不要求互惠。[2] 我国的态度则是受送达人所在国的法律允许邮寄送达的,可以邮寄送达;同时,我国反对外国对我国当事人邮寄送达。在能否由当事人送达方面,我国立法不允许;英美国家则多采取这种方式。

(三)实际送达的难度

在我国法院审判实践中,涉外送达到位于境外的当事人方

---

[1] 参见张馨天:《美国民事诉讼送达制度对完善我国送达程序的启示》,载《人民法治》2016年第11期。

[2] 参见何其生:《域外送达制度研究》,北京大学出版社2006年版,第205页。

面,困难是很多的,送达难是一个困扰法院正常行使涉外案件管辖权,及时审结涉外案件的主要问题之一。这种困难主要表现在以下几个方面:

(1)我国立法所规定的涉外送达方式中,能够完全自主由法院行使的主要还是邮寄送达方式。但是,如前所述,这种送达方式取决于受送达国法律不反对,因而只能在有限的国家和地区行使;且由于我国反对外国法院对我国当事人采取邮寄送达,容易招致外国的抵触。

(2)通过外交途径送达理论上可行,实践中却并不顺利。要通过外交途径送达,必然会出现外国的外交机构在决定是否协助的问题上采取审核的态度。对于认为存在疑问的,如是否有损于外国司法管辖权的行使或者是否对外国公共政策造成不利影响的送达事项,必然不会积极配合,甚至会拒绝协助送达。通过《海牙送达公约》的中央机关模式也会遇到相同的问题。这样的结果是,外交途径送达和司法协助送达的程序环节甚多,效率低下,且成功率不高。

(3)依公约送达和外交途径送达需事先准备好相关的司法文书及其翻译件、请求书、委托送达函、案情简介等材料,然后逐级上报,再转交国外送达。在开庭时间的确定上,一般需预留六个月的时间,导致案件审理期限一般要两年以上。送达的周期长,效率低,且不能保证成功。①

(4)虽然我国2012年修正的《民事诉讼法》规定了通信电子通讯方式送达这一适应新形势需求的送达方式,但这种送达方式也受到一定限制。首先,需要充分的证据显示电子邮箱地址是被送达人可以正常收到邮件并仍在继续使用的电子地址。其次,需要充分的证据证明被送达人可以合法代表案件当事人接受诉讼

---

① 参见邓锐、徐同义:《我国域外送达制度及其完善》,载《山东审判》2010年第1期。

文书。① 最后,还需要查明被送达国国内法是否认可电子送达方式。否则,仍然会被视为违反了正当程序。因此,在运用电子方式送达时,存在很多不确定的风险,也给法院带来了沉重的审查负担。在尚未开始案件审理前,就需要查明一些与送达有关的事实。

鉴于我国基层法院和中级法院对涉外送达具体操作制度的不熟悉,最高人民法院在 2006 年发布了《关于涉外民事或商事案件司法文书送达问题若干规定》,对涉外送达具体操作程序和注意事项进行了规范性的界定。2012 年《民事诉讼法》修正后,最高人民法院又在 2015 年对《民事诉讼法》的司法解释中花了大量篇幅就涉外送达部分的立法条文进行了说明。

二、我国涉外送达的现状与问题

最高人民法院前副院长万鄂湘曾指出:"我国涉外民商事案件的送达成功率不到 30%,70% 多的都因送达不到而无法启动诉讼程序。"②近年来,送达率虽在逐年提高,但仍有 30% 以上的送达案件不成功。

为了提高送达的成功率,外交部、最高人民法院积极尝试了很多措施:

(1) 积极推动双边司法协助协定的签署。近十年来,随着我国对外开放取得丰硕成果,我国与相对特定的国家和地区之间的经贸往来频繁。为适应这种客观形势的需要,我国外交部门加大了与有关国家开展司法协助谈判、签订双边司法协助协定的工作。这种努力取得了一定的成果,目前与我国有双边司法协助协

---

① 参见林燕萍:《我国涉外送达法律制度的完善》,载《法学》2007 年第 10 期。
② 万鄂湘:《"入世"后我国的司法改革与涉外民商事审判》,载陈安主编:《国际经济法论丛》(第 6 卷),法律出版社 2002 年版,第 18 页。

定的国家和地区已达到五十多个。然而,由于不同国家间法律文化观念的巨大差异,谈判达成双边协议的数量仍然难以满足我国涉外送达的需要。

(2)最高人民法院的司法解释和2012年修订正后的《民事诉讼法》增加了"电子送达方式",以及向诉讼代理人送达、向在华分支机构送达等新途径。特别是"电子送达方式"进入立法,极大地适应了电子商务时代的形势需求,增加了送达成功的概率。

(3)在区际送达方面,1999年3月29日最高人民法院根据与香港特别行政区代表协商达成的一致意见,以司法解释的形式发布了《最高人民法院关于内地与香港特别行政区法院相互委托送达民商事司法文书的安排》;2001年,最高人民法院又根据与澳门特别行政区代表协商的结果,发布了《最高人民法院关于内地与澳门特别行政区法院就民商事案件相互委托送达司法文书和调取证据的安排》。这两个司法解释性文件成为当前规范我国内地与港澳之间相互委托送达的主要法律依据,对于提高区际送达的成功率和协调、维护各法域司法管辖权有积极意义。

目前,仍然存在的问题是:

(1)外交送达和依司法协助条约送达的审批环节过多。层层上报,层层审批。在尚未进入外国送达前,就耗费了大量的时间和精力。同时,外国传递文书的机构迟迟不能回复送达的消息,也无明确期限规定和责任机制约束,导致这两种途径效率低下、周期长的局面并未得到改善。

(2)因我国反对外国对我国当事人邮寄送达,导致外国采取对等态度的现象妨碍了邮寄送达方式的进行。我国是否需要在此问题上的立场适当松动需要认真研究。

(3)民事案件中,相当比例的国内当事人不能准确提供境外当事人的有效送达地址。这在法院送达不成功的案件中占相当比例。从民事诉讼法角度看,原告当事人不能提供准确的被告当事人地址并不能成为法院拒绝受理案件的理由。这样一来,送达成功的压力就完全落在法院肩上。

(4) 区际文书送达过分依赖区际协议。在区际送达问题上,我国过于依赖区际司法协助协议的模式,这有点本末倒置! 不同法域之间达成司法协助协议的目的本来是为了减少区际送达的盲目性、提高送达的成功率,而不是设定唯一双方认可的送达模式。从两份安排的文件名即可看出,这是规范各法域之间相互委托送达的协议,而不是要求法院只采取委托送达模式。其与民事诉讼法立法之间的关系不是代替立法,而是明确委托送达的途径和方法。当人民法院采取其他送达模式时,不必按照委托送达的区际安排进行。由于实践中存在认识误区,不少法院在处理涉港澳案件时,首先想到的,或者只想到采取委托送达模式,这样也会导致诉讼效率降低、延误审理期限的现象。

(5) 涉外公告送达基本无法送达给海外当事人。在不得不通过公告送达方式向海外当事人送达时,受法院办案经费限制或者对海外媒体情况不了解,我国法院主要采取在《人民日报》(海外版)或者 *China Daily* 上刊登送达启示的方法。而生活在海外的当事人基本看不到这两份报纸,也就无法知晓诉讼信息。

三、涉外送达工作改进的尝试与建议

如上所述,我国各级法院都在尝试涉外送达方式的改进,以提高成功率。不断完善涉外送达方式、提高成功率对于维护国家司法主权和保护当事人诉讼权益都是重要的。死守僵化的传统送达模式反而不利于我国人民法院积极行使涉外审判权,也不利于当事人积极行使诉讼权利。在此方面,已有一些学者和实务界人士提出了参考性的建议。本书认为,在如何改进涉外送达工作

方面,还应当做到以下几点:

(一) 简化涉外送达的国内程序

我国涉外送达制度中,若按照公约途径向公约成员国内的受送达人送达文书,需要经过高级人民法院、最高人民法院、外交部等。审批机关设置过多,同时对各级审批机关审查的期限没有限制,耗费了太多时间。2003年最高人民法院提出在北京市、上海市、广东省、浙江省、江苏省各高级人民法院进行试点工作,由它们直接对公约成员国中央机关提出和转递司法协助请求书和相关材料。这一做法节省了两个往来程序,减少了文书在国内传送的时间。下一步可以扩大能够直接送达的高院范围,允许中部地区的高级人民法院实行向外国的中央机关直接送达诉讼文书,以提高诉讼效率。

(二) 尝试开展有限的当事人送达途径

诉讼文书送达的不能实质上也属于一种诉讼风险,这种风险不应该由法院来承担,而应由当事人自己解决。因为如果原告所提起的诉讼(特别诉讼程序除外)中没有明确的被告,其诉讼的合法性就存在着疑问。基于此,双轨送达体制在现代民事诉讼中确有存在的必要。在现实中,由于法院是送达的唯一主体,法院垄断送达并包办所有的送达事务,如果不能送达,当事人常常会责怪法官,甚至因此怀疑程序的公正性。如果增加当事人作为送达的主体,可以使当事人参与到送达的事务中来,广开送达的途径以减轻法院的压力。

(三) 鼓励和肯定尝试新的送达方式

在浙江温州,人民法院基于温商在海外抱团做生意、相互之间关系密切的事实,尝试建立海外联络员制度。在温商相对集中的国家和地区聘请热心服务的温商为法院的联络员,当有涉外民商事案件需要向海外送达时,法院在不确定海外当事人具体联系地址时,采取通过海外联络员帮助寻找当事人、委托海外联络员代为送达法律文书的方式,①取得了一定积极效果。目前,还没有外国政府就这一方式向我国提出异议。可见,我们应该打破思想禁锢,避免僵化思维给涉外审判工作带来的消极影响。此外,现在还有法院尝试微信送达的方式,当然,效果还有待观察。不过,在评估送达方式的效力时,主要应考虑是否为我国立法所允许,同时又能在不违反我国加入的国际条约或双边司法协助的情况下有效送达给当事人。至于具体模式,我国民事诉讼立法和司法解释都早已预留了空间,法院应当不拘泥于具体形式,通过提高涉外送达成功率维护当事人的合法诉讼权益。

(四)确认协议送达的效力

在合同中约定司法文书送达方式或者当事人指定送达方式、送达地点充分体现了当事人意思自治原则。在我国现行的涉外管辖权制度上,已经允许当事人就涉外合同和财产权益纠纷进行协议管辖,在涉外送达程序中,更应该允许当事人协议送达的方式。这种选择只要不违反国家的强制性规定,就能够为我国法院的送达提供一个有用的途径。这里我们要改变送达是人民法院行使司法职权的认识,为保障诉讼的顺利进行,维护当事人的合法权益,充分实现送达的功能和目的,而广纳为当事人所认可的途径,这也是当事人对自己程序上权利处理的一种方式。

(五)谨慎采用公告送达方式

在公告送达方式下,我国司法实践是通过《人民法院报》等报纸的海外版进行公告,而该报纸在国外是否具有足够的传播能力,以及当事人能否较为便利地获取上述公告信息,存在极

---

① 参见《原告在温州,被告在法国,庭审很顺利——温州瓯海法院率先在法国设立海外调解联络点》,http://ohnews.zjol.com.cn/system/2015/10/14/012156773.shtml,访问日期:2016年11月15日。

大的疑问。如果当事人无法获取公告信息,最终将损害当事人的正当程序权益,这与程序公正这一基本价值追求不符。也就是说,只有在保证程序公正的前提下,便利法院这一价值才能得到认可。

公告送达是一种兜底的送达方式,它是指在无其他任何送达方式可以送达的情况下,不得已而为之的方式。正如上文所述,包括涉外送达在内,送达制度本身关系着程序公正,关系着被告能否及时获得诉讼信息以便其充分准备以维护自己的权益。如果送达出现问题,将带来的可能结果之一就是被告被缺席审判而丧失实体权益。所以说,对送达有必要认真和谨慎考虑。

第二节　域外取证与文书认证

为查明案件事实,法院有时需要从境外调取证据,或者对来源于境外的证据进行核实确认。虽然说民事诉讼的一般举证原则为"谁主张,谁举证",但对于当事人提供的来源于境外的证据,基于是否认定的考虑,也需要当事人将获取的证据通过有关国家机关认证,以判断其真实性。因此,在事实查明环节,法院会面临域外取证、文书公证与认证等事项。这些事项是否能够顺利进行,直接影响到法院查明事实是否顺利,当然也就会影响办案质量和效率。

一、域外取证中的问题

一般认为域外调查取证是国家主权在国际诉讼程序中的体现,具有严格的属地性。在大陆法系国家,调查取证是专属于法官和司法机关的职权,明显属于公法性质的行为,必须由司法机关或者经法律授权的个人进行。在英美法系国家,是由当事人或者诉讼代理人进行调查收集必要证据的，法官仅在审理案件时对双方当事人提出的证据作出法律上的判断。在这些国家，可以认为域外取证的法律性质带有诉讼当事方行使私权的色彩。由于对域外取证性质的不同认识，会造成不同国家域外取证制度的差异，产生法律冲突。国际社会为了协调这种冲突，便利域外取证的顺利进行，于1970年通过了《关于从国外调取民事或商事证据的公约》(简称《海牙取证公约》)。目前，该公约有近六十个成员国。

（一）我国《民事诉讼法》及其司法解释

在2012年修正后的《民事诉讼法》中，立法并没有就涉外取证进行专门立法，可以理解为包含在司法协助的相关条文中。由此可以理解为，我国对于需要进行域外取证的情况，主要依赖于国际条约和双边协定。对于国内法院如何进行域外调查取证和如何对待外国在我国进行的调查取证活动，立法没有明文规定。2015年最高人民法院在对民事诉讼法作出的司法解释中也没有专门性的解释。由此，当我国法院需要向境外调查取证时，法院一般只会查询能否通过《海牙取证公约》和有关双边司法协助协定进行；一旦所需调查对象所在国不是《海牙取证公约》成员国，并且与我国没有订立相关司法协助协定，则调查取证工作将陷入僵局。这种陷入僵局的后果自然由当事人承担。

缺乏相应国内法规范域外调查取证工作不利于我国法院的涉外审判。不论是《海牙取证公约》还是有关双边司法协助协定，其目的是为域外取证提供便利、减少阻碍，并不是限制取证的国内立法。事实上，许多国家的立法中都有针对域外取证的专门规定。

（二）域外取证的司法实践状况

域外取证的途径一般有直接取证与间接取证模式之分。直接取证具体包括三种途径：外交和领事人员取证、诉讼当事人及其代理人取证以及特派员取证。我国法律对诉讼当事人及其代理人取证以及特派员取证均未予以确认。间接取证方式又称"请求书方式"或者"嘱托书方式"，是指通过司法协助的方式进行域外调查取证，即由法院地国的相关机构（通常为司法机关）依据条约或互惠关系通过请求书（又称"嘱托书"）委托证据所在国的有关机构代为调查取证。

我国司法实践主要停留在间接取证途径，即《海牙送达公约》所规定的中央机关模式。这一方面，是因为我国过于受司法主权观念的影响，强调须经所在国同意；另一方面，我国立法的证据制度中也没有特派员制度。至于向诉讼当事人及其代理人取证，则被视为"举证"。举证当然是当事人的义务，至于其如何获得境外证据，我国立法没有规范，法院也不关心，只是审核证据的真实性与合法性。

从理论上讲，法院还可以通过外交或领事途径取证。这当然包含了两个方面：一是通过我国最高人民法院将有关需要取证的事项转外交部，通过外交部驻外的我国使领馆进行；二是通过两国间外交部门的委托进行。不过，这种外交和领事途径的取证在我国司法实践中很少运用。一方面，许多法院还不清楚如何进行外交途径与领事途径的调查取证；另一方面，也由于通过这种方式不仅耗时长，且成功率低。①

我国涉外取证的总体现状是：

（1）涉外调查取证数量总体不大，但呈上升趋势。最高人民法院2013年的统计数据显示，截至2013年，我国与42个国家和地区依据《海牙取证公约》相互委托进行民商事案件调查取证合

---

① 参见王柠：《论民商事域外取证法律冲突及其弱化趋势》，载《中国司法》2012年第7期。

作。对于与我国尚未建立国际公约和双边司法协助条约关系的国家,我国也可以与其在互惠基础上通过外交途径进行民商事案件调查取证合作。调查取证的数量仅达到每年数十件。[①] 结合目前我国对外交往水平以及每年万余件的涉外民商事案件状况,涉外调查取证的总量偏少并不符合司法实践水平。

(2) 涉外调查取证程序较繁杂,且效率较低。与涉外送达程序相似,涉外调查取证也需要经过层层递送,经过不同机关方才得到处理,这种层递繁杂的模式必然导致涉外调查取证的效率较低。在域外委托取证方面,我国的积极性不高,原因也在于程序繁杂、效率过低以及存在较多不确定性。

(3) 较少进行涉外电子取证。涉外电子取证是调查取证的新形式。1999年海牙国际私法会议的日内瓦圆桌会议就明确讨论得出结论,使用新的技术手段是时代所需,包括使用视频会议询问远处的证人,使用这些方式取证没有任何障碍。英国现行《民事诉讼规则》第3条规定,证人可以通过音像媒体或其他形式向法院提供证据。[②] 而在我国司法实践中,对电子取证方式较为谨慎,几乎不采用此种方式调查取证,我国立法中也未曾涉及涉外电子取证。

(三) 存在的问题与改进

1. 以认证代替调查取证,或者误将涉外认证等同于调查取证

我国法院很少实际从事域外调查取证工作。传统上,法院在国内诉讼中进行的实地调查取证、走访证人获得证言等方式在涉外诉讼中,很难对位于境外的当事人采取。不过,随着网络技术

---

① 参见《最高法解读涉外民商事司法文书送达调查取证司法协助规定》,http://www.people.com.cn/24hour/n/2013/0428/c25408_21320441.html,访问日期:2016年9月12日。

② 参见徐昕:《信息时代的民事诉讼:一个比较法视角》,载《司法改革论评》(第2辑),中国法制出版社2002年版。

的不断发展与普及,运用电子手段取证成为可能。我国也应充分利用现代科技手段提高取证效率,可以对位于境外的当事人采取电子方式直接查证证人证言。我国目前对于民商事域外取证领域的视频访谈、邮件取证等方式持保守、观望态度,过于依赖司法协助。实际上,在当事人自愿的前提下,通过电子方式进行取证,并不会妨碍其他国家司法主权,我国法院可以尝试这样的先进科技手段来进行取证,从而顺应当今高科技发展的潮流和国际民商事取证冲突弱化、合作加强的趋势。①

另外,最高人民法院也应当通过司法解释的方式认可这种电子取证方式的效力,以鼓励下级法院更积极地采用这样的方式。

2. 减少通过国际公约和双边司法协定取证的中转环节

目前,不论通过外交途径或条约途径,下级法院都需层层上报至最高人民法院或外交部。如果是通过司法协助模式,还需要由最高人民法院转给司法部。这样,在取证的要求还没有走出国门以前,就需要花大量时间准备文件,漫长的等待时间并没有明文的等待期可以衡量。最高人民法院应当下放权限、减少不必要的审核,鼓励下级法院利用司法协助模式获取域外证据。

3. 减少认证的使用范围

在涉外证据提供方面,要区分不同性质的涉外证据。对于由外国官方机构出具的资格、身份、权限等资格证书和文件可以通过认证方式辨别其真伪,但这不是域外取证的主要任务。作为对案件事实的查明,如果是证人证言、记载事实的书证,则不必通过认证的方式核定效力,而应当由法院在庭审中对其真实性作出判断。要改变以认证代替法院质证的错误做法。

---

① 参见徐昕:《信息时代的民事诉讼:一个比较法视角》,载《司法改革论评》(第2辑),中国法制出版社2002年版。

4. 积极肯定境外当事人通过我国公证机关就案件事实进行公证的效力

人民法院法官或其他司法人员到境外调查取证,当然涉及司法主权这一敏感话题。但实际生活中,境外人员可能基于各种原因而难以到我国法院当庭接受调查或出具证人证言。在这种情况下,可能出现境外当事人愿意向我国公证人员作出证言。这在网络技术条件下是可行的。我国公证处还可以通过联合公证的方式与境外公证人同时公证。人民法院应当肯定这种取证方式的形式效力,不再要求认证。国外政府机构也不愿意对这种形式的证据以认证的形式背书其效力,认为应当由法院审理决定。因此,应当对我国公证处公证的境外证据持积极肯定的态度。

5. 加强双边司法协助协定的签订及其规范化工作

目前与我国签订双边司法协定的国家还是太少,而且已签署的协定内容操作性还不够强、不同司法协定中的取证方式也不尽相同。这样,既不便于各级人民法院知晓和掌握,也不利于实际操作。因此,最高人民法院和外交部还应当在双边司法协助协定方面加强工作,争取与更多国家签署协定,并能够采取大致相同的取证模式,以方便实践部门。

二、涉外公证中的问题

由于公证业务本身并不由法院进行,导致我们过去对涉外公证重视不够,这样既不利于对案件事实的查明,也不方便当事人诉讼。认真研究和解决涉外公证中的问题,有利于涉外司法审判的顺利进行和减轻法院的工作负担,促进涉外审判优质高效地进行。

公证文书是由公证机关或者公证人代表国家权力,依照公证程序与规则,介入私法行为,用以证明法律行为或私权事实以及文书而出具的特殊文书。大陆法系国家一般设立专门的公证机关,而英美法系国家则多采取国家授权公证人的方式。因此,英美法系国家具有公证人资格的律师出具的公证书也是代表国家公权力作出的,不能因其不是由专门公证机关作出而否定其公证效力。

公证书的效力分为形式效力与实质效力。形式效力是指该文书在证据形式上的合法性。《德国民事诉讼法》第437条赋予公证文书真实性之推定的效力。我国台湾地区"民事诉讼法"第355条第1项也规定,"文书,依其程式及意旨得认作公文书者,推定为真正"。

至于公证文书是否具有实质效力则存在不同的看法。由于公证文书证明的事项广泛,不可笼统、武断地下结论。一般来说,对于文书性质的公证,应该认定其具有实质性证据效力,而对于当事人叙述的事实或作出某种处分的行为,则会受到当事人叙述是否真实和处分行为是否合法的影响。

我国《民事诉讼法》第69条规定,经过法定程序公证证明的法律事实和文书,人民法院应当作为认定事实的根据,但有相反证据足以推翻公证证明的除外。单从立法条文本身看,似乎没有区分形式效力与实质效力,而是笼统肯定了公证文书当然具有证据效力。另外,《民事诉讼法》第67条第2款规定:"人民法院对有关单位和个人提出的证明文书,应当辨别真伪,审查确定其效力。"可见,对于实质效力,我国立法并没有当然肯定。2015年《最高人民法院关于适用〈中华人民共和国民事诉讼法〉的解释》(以下简称《民诉法解释》)第93条第1款第7项规定,已为有效公证文书所证明的事实当事人无须举证证明。这表明,我国立法对于公证文书的效力,基于公证事项的性质不同而区别对待。

公证可以减轻法院事实查明方面的压力,减少域外取证的负担。因此，加强涉外公证业务、提高涉外公证文书的效力确定，有助于涉外审判效率、简化事实查明的程序。在我国涉外审判实践中，对于涉外公证文书效力的认定还存在一些问题：

（一）对于境外公证机构或公证人出具的公证文书，应当明确肯定其形式效力

目前，我国立法和司法解释只是对于我国公证文书有相应规定，而对于来源于境外的公证文书则无特别规范。实践中，具体办案法院因不能肯定境外公证书的形式效力，而往往要求当事人将在境外公证后的文书再通过外国外交机构和我国外交机构双认证的方法，才赋予其效力。这实际上是否定了境外公证文书的形式效力，同时又通过双认证方式无条件地肯定了其实质效力。这种做法的结果是当事人需要重复公证与认证手续，额外增加费用和诉讼成本，并延长了证据提供时间。

（二）应区分公证内容的性质，分类确定其证据效力

对于被公证的内容，学术研究中已经探讨划分不同类型，确定其实质证据效力。例如，划分文书型、事实型和处分行为型等类。所谓文书型，是指在国外形成的书面文件，包括各种证书、登记文件等。这种文书的公证本身就是证明其真实性，一旦经过公证，其真实性不容置疑。当然，对于其中某些政府机关的登记、批准文件，要求外国政府认证其真实性也是可行的，但如果要求双认证则完全没有必要。对于事实型的公证，是指当事人对于某个特定事实所作的陈述。这种公证只是对当事人陈述形式的真实性负责，如证明确实是某人在公证员面前进行的陈述。至于当事人陈述内容是否真实，完全取决于法庭对相关事实的调查和质证。这种公证也没有必要经过认证。即使双认证的事实型公证文书，也不能确保其内容的真实性。对于当事人处分行为的公证，证据的效力在于证明当事人处分行为的真实性。至于当事人

的处分行为是否合法有效,则另当别论。

最高人民法院可以通过司法解释将公证事项进行分类来指导和规范下级法院对涉外公证作为证据的效力认定。

(三) 对于已经公证过的文书,过于要求认证形式

就文书而言,公证意味着对其真实性的肯定。目前,对于国外公证机构或公证人出具的公证书,我国法院一般还要求当事人将该公证文书提交两国外交领事机构认证后才肯定其形式效力。这样既增加当事人负担,又会导致当事人承担不必要的举证不能后果。为此,我国应加大与有关国家的双边司法合作,确定相互直接认可公证文书的形式效力,不再要求认证和双认证。尤其是对于文书类公证,完全没有必要在公证后再要求认证,形成双重国家权力背书同一内容的现象。

三、文书认证问题

公证是公证机构根据自然人、法人或者其他组织的申请,依照法定程序对民事法律行为、有法律意义的事实和文书的真实性、合法性予以证明的活动。领事认证是相对公证而言的,它不直接证明文书的内容是否真实与合法,而只证明文书上最后一个印章或者签名属实。其目的和作用是:使一国出具的文书能够在另一国境内被有关当局所承认,不致因怀疑文书上的签名或印章是否属实而影响文书的法律效力。

2015年11月,我国外交部公布了《领事认证办法》,适用于"国内出具的需送往国外使用的文书和国外出具的需送至国内使用的文书的领事认证"[①]。《领事认证办法》第3条规定:"领事认证,是指领事认证机构根据自然人、法人或者其他组织的申请,

---

① 《领事认证办法》第2条。

对国内涉外公证书、其他证明文书或者国外有关文书上的最后一个印鉴、签名的真实性予以确认的活动。"根据该办法的规定,领事认证的内容是证明文书,而不是当事人所作的事实陈述,也不是当事人的处分行为或意思表示。认证的事项仅仅是文书上印章或签名的真实性,即确认文书上的盖章或签名确实是该国政府机关的印章或者有权签署文件的人的签名。认证并不对文件内容负责,而只是对出具机关的真实性负责;认证也不对该文书的效力负责。

对于被认证的文书,又分为政府机关文书和私人文书。政府机关文书,是指由政府机关出具的证明文书,如公司登记文件、物权登记文件、婚姻证明文件等;另一类则是自然人或法人出具的私人文书。

实践中,对于政府机关文书的认证一般没有什么问题。这主要涉及政府机关的印章是否真实,或者代表政府机关签署文件的人是否确实亲笔签名等。在领事认证中,对这种真实性,领事机构一般有能力作出判断和查询获得相关信息。但是,对于要求认证的私人文书,领事机构却很难把握其真实性,存在较大的风险。

我国民事诉讼法立法和司法解释均未对领事认证的证明效力作出规定,换句话说,经过领事认证后的文书,法院仍然可以对其上的签名或盖章进行否定。另外,又可能存在对凡经过认证的文书一概肯定,对于当事人提供有力证据质疑文书签名真实性的反映则置之不理。因此,区分认证文书的公私性质有实践上的必要性。最高人民法院应当通过司法解释进行必要的澄清,基于政府机关文书认证足够的证据效力,不再进行实质性审查;对于私人文书签名或盖章,仍然可以赋予法院实质性审查权。这样一来,可以减轻法院工作压力和负担,提高涉外审判效率。事实上,法院也不可能具备审核外国政府机关签名或盖章是否真实的能力。

四、证据认定与事实查明

众所周知,证据是整个诉讼的核心问题。法官在诉讼中,只能通过合法有效的证据对案件事实进行定性与查明,并以此为依据,进行法律适用并作出裁判。而法官对证据的认证则决定了该证据背后所证明的哪些案件事实得到法官所认可。

在涉外民商事诉讼中,或者对具有涉外因素的一般民商事案件来说,往往会出现大量国外证据。对上述国外证据的认定标准与操作,将极大程度上影响法官对事实的定性,并最终影响案件的结果。

(一)立法现状

国外证据,又称"域外证据",是指在我国境外所形成的并经法定程序收集、提交我国法院的证据。域外证据一方面涉及国家主权的问题,另一方面对证据审查认定存在一定的困难。所以,各国都对域外证据有特殊的规定。①

在一般国内诉讼中,法官对证据的认证往往是通过当事人相互质证,从三个方面进行考量,即证据的"真实性""合法性"以及"关联性"。法官需要在根据法律规定、依照法定程序,以及遵循法官职业道德的前提下,运用逻辑推理和日常生活经验,全面、客观地审核证据,最终对证据有无证明力和证明力大小独立进行判断并作出结论。对于国外证据的认定来说,其法律要求在总体上亦是如此。

我国对于国外证据认定的立法主要包括以下方面:

---

① 资料来源:http://vip.chinalawinfo.com/newlaw2002/SLC/SLC_JingJie.asp?Db=jin&Gid=855644956,访问日期:2016年10月12日。

1. 证据认定的一般法规

即在多数情况下,对于证据认定的一般法规同样适用于并规范国外证据的认定。这些一般法规主要表现为我国《民事诉讼法》(以下简称《民诉法》)第六章关于证据的规定,以及 2015 年《最高人民法院关于适用〈中华人民共和国民事诉讼法〉的解释》(以下简称《民诉法司解》)和《最高人民法院关于民事诉讼证据的若干规定》(以下简称《证据规定》)中关于证据与证据的审核认定的规定。

2. 针对国外证据认定的特殊法规

这表现在《民诉法》第 70 条、《民诉法司解》第 527 条、《证据规定》第 12 条均规定,提交外文书证或者外文书面资料,必须附有中文译本。

同时,《证据规定》第 11 条规定,国外证据需要经证据所在国公证机关予以证明,并经中国驻该国使领馆予以认证。

3. 我国与外国就国外证据的司法协助、互助条约、协议

即我国与不同国家就证据是否公证、是否需要使领馆认证等程序作出的特殊规定。

(二) 司法实践现状

1. 国外证据一般需要先进行形式审查——公证与认证

如上文所述,由于我国《证据规定》的明确规定,一般情形下,为了保证国外证据的真实性,法院要求该证据须经证据所在国具有公证职权的机关公证,再经中国驻该国使领馆进行认证。

就公证和认证的程序上,根据与不同国家的司法协助条约的规定或者双方形成的惯例及不同法律而有所不同。如针对来自美国和英国的证据,需要先公证,再经该国外交部或者其授权机构认证,最后再由我国使领馆认证,较为烦琐;而针对来自意大利、俄罗斯等国的证据,则免除使领馆认证。

2. 国外证据中的外文证据必须附中文翻译件

即要求外文书证等证据需要有中文翻译件。而对于当事人书面陈述、证人的书面证言,外文鉴定意见等亦均需翻译件。

3. 再按照一般程序进行证据认定

首先,法官会组织当事人相互举证,并陈述其证明目的;其次,让当事人围绕证据三性对国外证据进行相互质证;最后,在当事人质证的基础上,再结合案情,运用其审判及生活经验,对证据有无证明力和证明力大小进行判断,并通过双方证据的对比与权衡,作出最终的认定结论。

(三) 存在的问题

1. 关于国外证据认定的立法规定过于繁杂且不明确

首先,立法过于繁杂。如上文所述,关于国外证据认定的立法,由三个部分组成。其中第三部分为我国与各国的司法协助、互助条约、协议的规定。就这部分内容来说,较为烦琐与庞杂,为法官在司法实践中进行国外证据认定带来了一定障碍与麻烦。

其次,立法规定不够全面与明确。例如,针对国外证据的认定,仅对其形式作了特殊要求,但并未考虑到与法院涉外调查取证制度的衔接与配合;同时,就某些条文,如《证据规定》中关于"国外形成的证据"的判断标准不明确。又如,对于"公证认证"的规定,未明确种类,也未根据种类区分不同情形,过于笼统;且就经过"公证认证"是决定证据的证据资格还是证明力大小问题未明确释明。

2. 以经过"公证认证"认定国外证据效力

由于《证据规定》的规定不明确,使得在司法实践中,有相当一部分案件以国外证据是否经过"公证认证"作为采信或者不采信的标准,产生了一定问题。

一方面,有相当一部分法官错误地将经过"公证认证"作为决定证据资格的要件。对未经"公证认证"的国外证据即否认其证据效力,对其真实性不予认可。例如,在王丹华与喻强合伙协议纠纷案①中,法院针对在香港地区形成的合同,认定"王丹华并未就其提交的证据办理公证认证手续,故对该证据本院不予采信"。又如,在阳江市金得宝精密陶瓷刀具制造有限公司与刘初荣定作合同纠纷案②中,法院认定"上述照片和邮件系在中华人民共和国领域外形成的,既未履行上述证明及公证认证手续,也未提供中文翻译文本,形式上存在瑕疵,不能作为有效证据使用"。再如,在中山市华凯照明有限公司与华盖创意(北京)图像技术有限公司侵害其他著作财产权纠纷案③中,法院认定"虽然华凯公司提交了 Thinkstock 网站涉案图片网页及 PunchStock 网站涉案图片网页,但该两网站为外文网站,未经过公证认证及翻译,因此对该两网站不予采信"。即上述案件的法官无一例外均认定,国外证据的"公证认证"是作为决定证据资格的要件。

另一方面,还是有一部分法官能正确认识到,将经过"公证认证"仅作为确定证据资格的辅助。例如,温州市百衣特服装有限公司与张方信买卖合同纠纷案④中,法院认为,公证认证的形式"是为了尽量消除司法权的地域局限给民事诉讼带来的不利影响,以证据形式的合法性来增强证据内容的真实性和合法性,方便人民法院对证据进行审查",最终的证据效力要结合当事人质证状况和其他因素综合来决定。又如,在林狄贻与杨军民间借贷纠纷案⑤中,法院亦认为,"虽然没有办理公证认证手续,但法院可以组织当事人进行质证,并根据质证情况结合证据的真实性、关

---

① 裁判文书号:(2014)佛中法民一终字第 376 号。
② 裁判文书号:(2015)阳中法民二终字第 53 号。
③ 裁判文书号:(2013)中中法知民终字第 127 号。
④ 裁判文书号:(2015)浙温商终字第 1882 号。
⑤ 裁判文书号:(2015)一中民(商)终字第 6245 号。

联性、合法性,对其证明力作出认定"。

这就说明,在司法实践中,以是否经过"公证认证"来认定国外证据产生了分歧,导致法官对事实定性产生了误导,使其在证据认定过程中以"公证认证"与否来判定国外证据的资格与效力,使案件事实未得到真实呈现,影响了当事人权益。

(四)完善建议

1. 法律梳理与释明

首先,针对我国与各国的司法协助、互助条约或协议等进行梳理,归纳与综合,并且就条文由外交部和司法部以及最高人民法院进行释明,方便法官查找与判断;其次,针对上文提出的立法问题,如什么是国外形成的证据予以释明,确定国外形成证据的判断标准,如以证据形成的某一步骤在国外还是大部分在国外形成予以释明;最后,针对"公证认证"对证据效力的影响,有必要进一步释明与确认。虽然最高人民法院副院长在 2011 年即申明"不因未办理公证认证简单否定境外证据效力"[①],但是司法实践中仍然有错误认定的现象发生(如上述所列举案例)。所以,有必要通过立法或者司法解释的方式明确予以规定,避免再发生上述问题。

2. 强化交叉质证进行证据认定与事实定性

在司法实践中,加强通过交叉质证确定证据效力,避免单纯依赖"公证认证"的形式审查形式。根据最高人民法院的官方回应,国外证据的"公证认证"本意主要在于便利对证据真实性的审查认定,并不排斥以其他方式认定相关事实的真实性。除按照有关规定必须办理"公证认证"的特殊事项外,凡有其他合理方式足

---

① 《最高法:不因未办理公证认证简单否定境外证据效力》,http://news.163.com/11/1128/16/7JV97UIU0014JB6.html,访问日期:2016 年 10 月 11 日。

以认定境外证据真实性的,可以采取其他方式予以认定。① 也就是说,对证据的认定,一方面,要配合庭审中双方当事人的质证;另一方面,则是要结合全部证据与案情进行综合分析,而不是单纯以形式来作为认定标准。

所以,在司法实践中,应当避免片面以国外证据的形式审查要求来决定证据资格与效力与否,而是通过加强当事人之间对证据的交叉质证,包括加强双方的质证机会和质证时间,保证充分质证的方式来认定国外证据。

法官应该通过双方当事人的相互对抗与意见表达,以及其提供的相反证据进行综合考量。在诉讼中运用逻辑推理和日常生活经验,再结合其他证据是否相互印证等情况,对国外证据采综合性的认定方式。这样有利于避免机械司法、片面司法导致的认证错误等问题的发生,也有助于达到提升涉外民商事审判的质量的目标。

第三节 裁判文书的表达与法理分析

裁判文书说理是反映司法裁判是否公正、公开,评价裁判文书质量与水平高低的重要标准,是发挥裁判文书多重功能的重要因素。涉外裁判文书的制作水平是体现一国司法裁判的质量和水平,决定外国当事人是否愿意选择在一国法院解决纠纷的风向标;是外国当事人和普通大众了解司法裁判思维、理解裁判结果的重要方式。它不仅承载了个案是否公平的信息,也是一国通过司法审判普及、传播法律知识,约束、规范大众未来行为的重要途径。时任最高人民法院院长周强在 2014 年全国人大会议上所做

---

① 参见《最高法:不因未办理公证认证简单否定境外证据效力》,http://news.163.com/11/1128/16/7JV97UIU0014JB6.html,访问日期:2016 年 10 月 11 日。

的工作报告中强调,最高人民法院的工作重点包括"规范裁判文书格式,强化裁判文书说理"。

一、涉外裁判文书上网的现状与问题

裁判文书公开是司法公开的体现,是树立司法公信力的基本要求,也是当前司法改革的重要目标。在 2010 年以前,裁判文书的公开是零星的,主要是通过一些学术研究渠道,缺乏专门的批量公开的渠道。2010 年,最高人民法院发布了《关于人民法院在互联网公布裁判文书的规定》,一些省市的中级、高级法院开始在各自网站有选择性地公布一部分裁判文书。2016 年,最高人民法院公布第三个《关于人民法院在互联网公布裁判文书的规定》后,目前上网公开的裁判文书已经基本达到了法院裁判案件的大多数。然而,最高人民法院并没有要求所有裁判文书都公开上网。例如,上述规定第 4 条规定:"人民法院作出的裁判文书有下列情形之一的,不在互联网公布:(一)涉及国家秘密的;(二)未成年人犯罪的;(三)以调解方式结案或者确认人民调解协议效力的,但为保护国家利益、社会公共利益、他人合法权益确有必要公开的除外;(四)离婚诉讼或者涉及未成年子女抚养、监护的;(五)人民法院认为不宜在互联网公布的其他情形。"这表明最高人民法院在上网公布裁判文书上,采取了选择性公开的态度。透明度和公开性还不够。

分析已公布的裁判文书,可以发现存在以下问题:

1. 缺乏涉外分类,导致查询困难

目前只有大体分类,如刑事、民事、行政,又如判决书、调解书、裁定书等。这样分类公布的结果导致当事人和社会公众在查询相关裁判文书信息方面非常困难。以涉外民商事案件为例,由于没有"涉外"的类别,只能在茫茫大海一样的裁判文书中搜索涉外裁判文书,除非事先已经知道该案为涉外案件。

2. 一、二审裁判文书之间被割裂开来,无法了解某涉外案件一审之后的进展情况

上传的裁判文书没有经过逻辑联系的排列。网上裁判文书的文件名均按照某某诉某某一案的叙述方式排列,缺乏争议事由或案情概要的描述,检索起来非常不便。建立裁判文书网站,在网上公开裁判文书,仅仅是文书上网的第一步。如何让公众在浩如烟海的裁判文书网络中便利地查询并使用裁判文书,关键是设置科学、有效的查询检索项目,开发上网文书的利用价值。

3. 案由确定不准确、不规范

目前,中国裁判文书网常用的检索项是"关键词""案号",高级选项还增加了"案由""案件类型""文书类型""审理法院""裁判时间"等。但是,这些检索项还难以满足公众查询文书的需求。例如,"案号"的检索项对公众查询没有太大帮助;"案由"的检索项由于案由分类不科学、存在请求权竞合的情况导致查询有遗漏等问题。建议中国裁判文书网增加"全文检索""标题检索""结果中检索"等检索项,开发完备的检索功能,提供多重便捷的模糊查询方式,便于公众快捷、准确地检索。①

二、涉外裁判文书的制作与规范

按照最高人民院所公布的《涉外商事纠纷案件一、二审判决书参考样式》的规定,涉外商事纠纷案件的判决书应该由四大部分组成,即首部部分、案件的事实部分、理由部分以及判决主文部分。涉外民事判决书的结构也基本由上述四部分组成。

其中,首部部分包括当事人的基本信息,案由、合议庭组成,

---

① 参见龙飞:《域外法院裁判文书上网制度比较研究》,载《人民司法》2014年第17期。

以及开庭审理案件的基本情况(包括送达等情况)。案件的事实部分,一审案件包括概述原告的诉讼请求、理由,被告的答辩理由,以及第三人的陈述理由,还包括当事人举证质证情况,最后说明法院的认证情况;二审案件包括先回顾一审的审判程序及结果,再概述上诉及答辩理由、当事人所提出的证据与其他依据以及双方的质证意见,随后法院表达二审认定的事实部分。案件的理由部分首先要求明确法律适用;其次,根据确定的准据法,对争议法律关系的性质、效力进行认定,说明当事人的行为是否合法、是否违约、应否承担责任;最后,围绕当事人一、二审中的争议焦点,针对当事人的诉讼请求(或上诉请求)、诉讼主张以及相关证据是否被采纳逐一加以评判。判决主文部分,则包括判决的法律依据与最终作出的判决结果。

应当说,以上四个部分中,"案件的事实部分"是整个判决书的基础与法律推理前提,"理由部分"是整个判决书的灵魂与支撑。然而,司法实践中,裁判文书关于上述部分的表达与法理分析,存在较多的问题。

(一) 与国内裁判文书同样存在的问题

不论是国内一般裁判文书,还是涉外裁判文书,都存在以下共同性的问题:

1. 引用法条不规范

正确引用法律条文,是保证裁判文书质量的重要方面。法律、行政法规、地方性法规、司法解释和我国批准加入的国际条约可以直接引用,部门规章、地方规章、国际惯例和习惯可以参照适用。引用法条应明确、具体,针对案件适用法条的条、款、项齐备,如某个法律条文只有一款但包含若干项的,引用时直接表述为"依据＊＊＊法第＊＊＊条第＊＊＊项的规定",而不用表述为"依据＊＊＊法第＊＊＊条第一款第＊＊＊项的规定"。特别法有规定的不能援引普通法,下位法有规定的不能援引上位法,有具体法律规定的不能援引原则性法律条文,不能漏引程序法条文或实体法条文。

2. 对采用的证据缺少必要的分析和解释

《法院诉讼文书样式(试行)》规定,对证据的表述不仅要列举证据,而且要对主要证据进行分析论证。但有的民商事裁判文书没有阐明这种认识过程和认识依据,只是罗列证据,对证据不能加以取舍或不能对取舍予以说明,尤其是对有争议的证据或有分歧意见的证据,不能分析和认证,不能阐明认证的理由。对于运用间接证据认定的事实,不能对间接证据的关系、是否能形成证据链条进行论述,不能在民商事裁判文书中反映出采信证据的过程。

(1) 有的民商事裁判文书将全部涉案证据罗列出来,不管当事人是否有争议,均对证据予以分析。如有的判决书,在当事人对对方提交的大部分证据的真实性、合法性和关联性均予以确认的情况下,仍用大量的篇幅描述没有争议的证据,而查明事实部分仅用约 70 字的叙述完成对案件事实的认定,对证据的叙述不仅不简练,且层次不突出。

(2) 有的民商事裁判文书在归纳无争议证据并对有争议的证据进行分析认定后,忽视对案件事实争点的归纳,不能对全案事实进行综合叙述。如有的判决,案件的焦点问题是被告是否应给付原告服务费,案件的双方当事人没有签订书面合同,但依据双方当事人之间电子往来函件、快递单据和发票等证据,能够形成证据链条证明原告已提供服务要求被告支付服务费用的主张。但判决书对事实认定部分则写得过于简单,不能体现当事人举证、庭审质证和法院认证所形成的证据链条关系,也未说明认定事实理由。

（3）法院在查明事实后，不写明支持法院查明事实的证据，而是将当事人提交的证据及这些证据的证明目的列明其后，没有对这些证据的认证，不能使人了解是哪些证据支持了法院查明的事实。对案件事实的法律认定，缺乏法理论证。法律中的事实，有人称为"法律真实"，也有人称为"诉讼事实"，它是指公检法机关在诉讼证明过程中，运用证据对案件事实的认定符合实体法和程序法的规定，应当达到从法律的角度认为是真实的程度的事实。人类对客观事物的认识是一个辩证的历史过程，在特定历史阶段和特定的历史条件下所能达到的正确认识，是绝对真理与相对真理的辩证统一。法律中的事实本身并不是对客观真实的否定，也不是客观真实的对立面，它是通过举证、质证、认证的过程来实现的，与客观真实是辩证统一的，是相对真理意义上的客观真实。它具有客观真实的属性，以客观真实作为其永恒追求的目标，从认识论意义上说它并不背离客观真实。最高人民法院在2001年12月21日颁布的《证据规定》明确且具体规定了法律中的真实的证明标准。之所以将高度盖然性证明标准作为民事诉讼的证明标准，是因为在待证事实真伪不明又缺少进一步证据的情况下，认定盖然性高的事实的发生，较认定盖然性低的事实的发生，要更接近于真实。运用证据查明的案件事实并不等于法律事实，案件事实被认定为某种法律事实，实际上已经属于法律适用的过程了。对案件事实作出法律定位是司法活动的主要内容，因此，在判决书中不阐明作出法律实施认定的法律理由，就会将案件事实与事实的法律认定混同。此外，有的判决书还缺乏对事实的争议焦点的论证。

（二）涉外裁判文书存在的特有问题

1. 法院认证的采信分析过程表达不充分

众所周知，诉讼的核心问题是证据问题，只有充分有效的证据才能保障当事人的合法权益。由此来看,法院的认证环节较为重要。但是,在司法实践中常常出现一种现象,即法院在认证过程中,往往言简意赅,仅通过表达该证据是否符合证据"真实性、合法性和关联性"而采信或不采信,缺乏理由部分的陈述,整个采信分析过程表达不充分。

以"广西玉洲律师事务所与陈颂实委托合同纠纷一审判决书"①为例,该案中,陈颂实为泰国人。在判决书中,法院就其证据认证部分的论述是:"证据6是另案中的材料,与本案待证事实有关联性,本院依法予以采信,并作为本案认定事实的依据;原告对证据2有异议,本院认为该证据是双方签订《委托代理合同》之前形成,与本案无关联性,本院不予采信。"

从上述论述与表达中可以看出,首先,法院在认证过程中并未表达证据与案件事实为什么有关联性、关联程度如何,以至于法院为什么要采信,缺乏分析过程;其次,法院对原告有质证异议的证据,未直接回应解释其异议,而仅是以"无关联性"草草表达,作为不采信的理由,使得认证过程从表达上缺乏说服力。

又如,在"张营与姜成铉提供劳务者受害责任纠纷一审民事判决书"②中,被告姜成铉系韩国人,法院在判决书中对质证过程的论述是:"经本院庭审质证,张营提供的证据1、2的真实性、合法性、关联性均无异议,本院予以确认;姜成铉提供的证据1真实性予以确认,但与本案无关。"法院依然未对其采信分析过程进行充分表达,仅仅表示"确认""无异议""与本案无关"。但是,为什么"确认""无异议""与本案无关"却未有详细表达。

2. 忽略表达法院是否具有涉外案件管辖权

对于涉外民商事案件来说,由于其涉及涉外因素,使其往往

---

① 裁判文书号:(2014)玉中民三初字第2号。
② 裁判文书号:(2014)新民外初字第0004号。

关乎另一国家或地区的司法主权。而我国法院是否具有涉外案件管辖权就成为首要需要表达的问题。

然而,在司法实践中,有相当一部分的涉外民商事案件的裁判文书并未表达法院是否具有涉外案件管辖权。以"林华荣与吴文蔚买卖合同纠纷一审民事判决书"①为例。在此判决书中的理由部分,法院对该案确定了法律适用,进行了法律关系的识别定性,但唯独未说明法院是否具有该案的管辖权。虽然对于个案来说,已经有判决书就意味着该法院已经默认对该案享有管辖权,但是在裁判文书中,法院因为什么法律规定与考虑,决定对该案进行管辖,其理由是什么,即论证我国法院取得案件管辖权的依据是什么,仍然是有必要的。

3. 直接适用中国法而不说明理由或者理由不充分

在司法实践中,就准据法的确定部分,存在大量未直接说明理由和依据即适用中国法的情形。例如,在"刘某与 Mr. GRAVENHORST 离婚纠纷一审民事判决书"②中,被告系丹麦人,原告刘某诉请离婚,法院未提到法律适用问题而直接适用中国《婚姻法》,没有任何理由。值得注意的是,该法院似乎未把该案件当作涉外案件看待,而几乎等同于国内案件进行处理。

又如,在"广州市融资担保中心有限责任公司与广州能安机电工程有限公司、陈定中、卫顺如、张东风、陈瑞瑜、张海燕、张伟文保证合同纠纷一审民事判决书"③中,作为合同纠纷,判决书中这样写道:"该《抵押反担保合同》在中国内地签订,与中国内地具有最密切的联系,故根据《中华人民共和国涉外民事关系法律适用法》第四十一条的规定,应适用中国内地法律作为审理该《抵押

---

① 裁判文书号:(2014)浙甬商外初字第 108 号。
② 裁判文书号:(2014)西民一初字第 178 号。
③ 裁判文书号:(2014)穗中法民四初字第 13 号。

反担保合同》的准据法。"其法律适用结果不一定有误,但是法院未就中国法为何具有"最密切联系"的理由和分析过程进行阐述,这使得我国法院在审判中对准据法的确定对当事人缺乏说服力。

4. 对涉外法律争议点的分析观点和裁判理由的表述说理性不足

不光是在涉外民商事案件中,在我国所有案件的裁判文书中存在一种通病,即对争议点的分析观点和裁判理由的表述说理性不足。诸如上文提到的,法院对证据的采信过程首先就说理性不足,缺乏分析和推理的过程。这个问题一直延续到管辖权依据与说明,以及法律适用的理由等方面,使人往往只能看到结果,而不知为什么被管辖以及为什么适用中国法。

而在判决书的理由部分,对争议焦点的分析和裁判理由的表述也同样难以避免说理性不足的弊病。突出表现在未对争议焦点一一对应进行分析说明,得出结论。裁判理由不充分,未能运用类比等各类法律推理手段,详细认真地予以阐述。

从以上问题可以看出,涉外民商事裁判文书很难完全满足法律逻辑和推理的要求,突出问题表现在某个部分的遗漏和各个部分说理性的不足。其实,作为整个审判活动中最后一个阶段的产物,裁判文书本应该凝聚整个裁判活动精华并一举奠定执行的基础。但是,从目前看,涉外民商事裁判文书的低质量从侧面反映了我国涉外司法质量较为粗糙。

三、涉外裁判文书的表述与说理

(一) 与国内裁判文书共性的问题

1. 表述裁判理由的论证缺乏逻辑性

法官裁判案件就是将成文法运用到具体的事实之中,将抽象的法条与具体的事实有机地结合在一起。法官需要在判决书中准确地引证法条,并且对该法条的含义准确地解释和详细地说明。但在民商事裁判文书制作中,存在说理论证及事实认定的法律推理不严谨,内容冗长,繁简不分等问题:只引法律条文,不阐明适用法律的道理,没有对立双方就相关法律适用的意见及其理由,没有法官采纳或不采纳哪方意见及其法律适用的意见及其理由,也没有为什么适用此法条而非彼法条的解释,弱化了论理的说服力。

(1) 对案件所适用的法律条文未进行论证

表现为:没有阐明适用该法律条文的道理,文书中反映不出案件的事实与适用法条之间的逻辑关系。判决书所适用的法只交待了条、款、项的序号,当事人及社会公众不知道法条的具体内容,容易产生误解。引用法律条文不准确、完整、具体,条理和顺序不当。如合同纠纷的,未引用合同法,还习惯于只引用民法通则。引用程序法和实体法、法律法规和司法解释顺序颠倒,或者不引用实体法。

(2) 对采用的证据缺少必要的分析和解释

《法院诉讼文书样式(试行)》规定,对证据的表述不仅要列举证据,而且要对主要证据进行分析论证。但有的民商事裁判文书没有阐明这种认识过程和认识依据,只是罗列证据,对证据不能加以取舍或不能对取舍予以说明,尤其是对有争议的证据或有分歧意见的证据,不能分析和认证,不能阐明认证的理由。对于运用间接证据认定的事实,不能对间接证据的关系、是否能形成证据链条进行论述,不能在民商事裁判文书中反映出采信证据的过程。

2. 论理缺乏层次感

对当事人的诉讼请求,有支持和不支持的,但在"本院认为"部分,不能分清主次予以明确,而是将支持和不支持的诉讼请求混在一起,没有说理的层次感;没有就当事人就有关法律适用的意见,论述采纳或不予采纳的法律依据或者法理分析;有些论述缺乏针对性,存在论述不能与当事人的诉讼请求相呼应的问题;对一些较为复杂的法律问题,只简单地引用条文,未结合案件的事实阐明适用法律的道理;还有的裁判文书在案件事实与法律适用之间缺乏内在的联系。

(二) 涉外裁判文书特有的问题

已有学者针对涉外裁判文书存在的问题进行过专门研究,并指出存在以下问题:①

1. 越过管辖权,不对法律关系进行识别

部分涉外民商事裁判文书尤其是基层法院制作的裁判文书没有论证我国法院取得案件管辖权的依据,认为只要案件在法院立案,该法院自然就取得案件的管辖权,在案件审理阶段不再审查我国法院是否有管辖权。同时,把管辖权与准据法混为一谈,在说明法院取得管辖权的同时就径直适用法院地法即我国的实体法律裁判案件。裁判文书中普遍存在没有将案件识别为涉外案件或把一个案件定性为涉外案件的理由过于简单的现象,造成找法的理由很突兀。

2. 忽视先决问题

许多裁判文书没有对案件的先决问题作出合理分析。比如,涉外离婚纠纷案件中婚姻本身的有效性;涉外合同纠纷的合同是否有效。而对这些问题的审查和分析是很有必要的,因为如果婚姻无效或合同无效,那么当事人的诉讼请求就应该依法予以驳回。如果跳过案件的先决问题,先入为主地认为婚姻有效或合同有效,据此得出的审判结论就有可能是错误的。同时,很多审理

---

① 参见宋连斌、赵正华:《我国涉外民商事裁判文书现存问题探讨》,载《法学评论》2011年第1期。

涉外案件的法官没有注意到先决问题的准据法和案件本身的准据法有可能不同。比如,涉外离婚案件中,如果婚姻本身不是在我国登记(缔结)的,根据我国相关法律的规定,该离婚案件的先决问题即婚姻本身是否有效是要适用婚姻缔结地法审查的,但裁判文书中没有反映出适用该婚姻缔结地法审查婚姻是否有效的内容。

3. 缺乏选法理由

大部分裁判文书没有援引冲突规范说明选法的理由,而是直接适用法院地法。这种做法虽然大多数时候是结果正确,但在法律推理方面却存在严重不足。即使有的涉外案件裁判文书说明了选法的理由,但选法的过程往往很机械,理由也过于简单,不周延。此外,确定合同争议案件准据法时,如果当事人事前没有选择争议适用的法律,裁判文书中并没有反映出是否在案件审理过程中审查过当事人在诉讼中有无选法合意,就直接运用我国的冲突规范确定案件的准据法。在确定涉外侵权案件的准据法时,侵权行为地的法律无一例外地成为行为合法性和其他争议焦点(比如是否应该赔偿)的准据法。

(三) 完善与改进的建议

在新一轮的司法改革背景下,我国已经致力于进行包括涉外民商事裁判文书在内的裁判文书说理改革。首先,具体问题具体分析,根据不同审级和案件类型,实现裁判文书的繁简分流。疑难一审案件、所有二审案件充分说理,简单案件简易处理。其次,对于律师依法提出的辩护代理意见未予采纳的,应当在裁判文书中说明理由。最后,完善裁判文书说理的刚性约束机制和激励机制,建立裁判文书说理的评价体系,将裁判文书的说理水平作为法官业绩评价和晋级、选升的重要因素。①

由此可见，本轮司法改革将是提高涉外民商事裁判文书质量的一大契机。所以，结合上述意见与精神，可以通过以下方式进行提高：

1. 重视涉外裁判文书质量对我国涉外司法形象的重要意义

在司法领域，中国的国情是"人民司法"，有学者总结为积极的"法民关系"，即法官主要的说理对象是法律外行，受到当事人（有时还要扩展为一般公众）的"积极"影响。② 这就决定了我国裁判文书质量呈现"简约化"的特点。

所以，如果要提高涉外民商事裁判文书的质量，先要顺应这一特点，不能操之过急，而是先将裁判文书的各个部分有机衔接，不要显得不成逻辑。再针对不同案情，如涉外商事案件，考虑将法律推理与商事规则多增加一些。而如果是涉外家事案件，则在考虑法律推理的前提下，在说理部分可以加入法官对该案中我国"公序良俗"、特殊人情的考量，使我国当事人能够理解并信服。

当然，涉外民商事裁判文书不同于一般国内裁判文书，在考虑中国国情的基础上，仍然需要考虑其特殊性。首先，要完善涉外民商事裁判文书的结构，要从管辖权到法律适用再到认证的全部环节均作到不遗漏，要有依据并作出判断，并且要有符合我国法律的分析与推理过程。其次，要强调"说理个案化"。即针对案情复杂、裁判文书主要涉及域外当事人利益以及需要到域外承认与执行的，有必要根据案情具体分析，在说理部分多借鉴德国式的重"法律推理"，或者美国式的"鸿篇修辞"。要考虑到因涉外民商事裁判文书表达上产生的质量问题导致当事人权益落空的现

---

① 参见《最高人民法院关于全面深化人民法院改革的意见——人民法院第四个五年改革纲要（2014—2018）》第 34 条。

② 参见凌斌：《法官如何说理：中国经验与普遍原理》，载《中国法学》2015 年第 5 期。

象,最终达到差异化提升的目的。

2. 建立涉外民商事法官的专业遴选与培养机制,加强优秀涉外法官的流动

针对涉外民商事法官司法素质整体有限的现状,有必要通过建立涉外民商事法官的专业遴选与培养机制,加强优秀涉外法官的流动等方式来完成。具体可以配合正在进行的司法改革关于员额制、法官培训制度的改革方案。在普通遴选和培养机制上加强专业化分工,即注重专业遴选,如针对涉外民商事案件单独出考题;注重法官培训制度,即丰富现有涉外民商事法官的培训课程与模式。最后通过发达地区涉外法官的常态化流动来保证落后地区的涉外民商事法官培养,在一定程度上提高涉外民商事司法审判质量,也包括涉外民商事裁判文书的质量。

3. 继续推进和完善"案例指导制度"和"司法文书公开制度"

实际上,我国正在推行的"案例指导制度"和"司法文书公开制度"本身即是对提高涉外民商事裁判文书质量的一种压力与倒逼。这体现在通过最高人民法院发布指导性案例并明确其对下级法院具有的"应当参照"的效力,实际上是以具体模板的方式来规范与完善下级法院裁判质量。但考虑到指导性案例目前数量较少,且针对涉外民商事案件的不多,所以有必要继续增加指导性案例的数量。同时,还应当强化指导性案例的说理分析逻辑。另外,通过"司法文书公开制度",使裁判文书的质量受到包括其他法院法官、上级领导、律师、法律学者以及普通老百姓的监督,有助于使法官在书写裁判文书时认真对待说理等问题,从而起到促进涉外民商事裁判文书质量提升的作用。

第五章
外国法的查明与适用

涉外民商事案件可能会适用外国法或者国际条约、国际惯例。[①] 对于如何适用外国法或国际条约、国际惯例，立法缺乏明确的规则和制度规定，最高人民法院的司法解释也甚少涉及这一方面，由此，司法实践中出现了各种各样的问题，影响到涉外裁判的质量。要解决这些问题，不能仅仅要求提高法院的业务水平，更要从规章制度上为外国法的查明和适用提供保障。

第一节 外国法查明中的问题

外国法的查明是正确适用外国法的前提，而查明外国法却并非易事，是经常困扰涉外案件审判的重要因素。这不仅涉及外国法查明的途径，也涉及外国法查明的期限、费用和人力保障等多方面的措施。

从国际私法理论角度看，大陆法系和英美法系在外国法查明的性质和途径上存在不同的做法。英美法系将外国法的查明视为当事人举证证明其权利存在的"事实"，而大陆法系则将外国法视为"法"而一般由法官自己查明。这种对待外国法的不同态度决定了外国法查明的负担。

[①] 这里所指的"外国法"是相对于国内法而言的，并不特指外国的国内法，而是"域外法""国外的法"的含义，因此，将有关国际条约和国际惯例的查明和适用也放在本章，特此说明。

一、外国法查明的现状与问题

（一）立法现状

在我国现行有效的立法及相关司法解释当中，关于外国法查明的规定集中于《涉外民事关系法律适用法》第10条，《最高人民法院关于适用〈中华人民共和国涉外民事关系法律适用法〉若干问题的解释（一）》第17、18条，以及《最高人民法院关于贯彻执行〈中华人民共和国民法通则〉若干问题的意见（试行）》第193条之中，它们就目前我国的外国法查明制度给予了框架性的规定。

1. 外国法查明的责任主体

以法院、仲裁机构以及行政机关查明为主，当事人查明为例外。即按照上述立法的有关规定，查明外国法的主体为法院、仲裁机构以及行政机关；只有在当事人意思自治，选择适用外国法的情形下，才由当事人作为外国法的提供主体。立法并没有明确当事人为外国法的"查明主体"，而是界定其为"提供者"。这样一来，在当事人不能提供外国法的情形下，是否就等于外国法无法查明呢？立法中没有给出明确的答案，造成实践中出现法院以此为借口，认定外国法无法查明，转而使用中国法。

2. 查明途径与方法

外国法查明包括当事人提供、司法协助、使领馆协助以及中外法律专家提供等合理途径与方法。从立法角度看，似乎存在很多种查明的途径和方法，但实际上可行的不多。司法协助方法很少被使用。当事人提供也仅仅是在当事人协议选择适用外国法的情形下才会用到，而且这种意思自治主要用在涉外商事案件中。

3. 查明程序及认定

首先，无论法院查明还是当事人提供，在进行外国法的初步查明后,法院需就初步查明的外国法听取各方当事人的意见。该意见包括两方面内容:一是对应当适用的外国法的内容的意见;二是对其理解与适用的意见。

其次,在当事人对该外国法的内容及其理解与适用均无异议的情形下,法院可予以确认,产生适用外国法的效果;在当事人有异议的情形下,由法院审查其异议,最终确定外国法的内容及如何理解和适用该外国法。

4.查明失败的情形及后果

一方面,当法院等机关作为外国法查明的责任主体时,通过包括上述方式在内的相关合理途径仍旧未查明外国法时,即视为查明失败;另一方面,在当事人因选择适用外国法而成为查明责任主体时,其在法院指定的合理期限内未提供外国法,亦视为查明失败。而查明一旦被认定为失败,最终的结果是适用中国法。

(二)司法实践现状

1.查明并适用外国法的实际数量与比例

在我国涉外民商事审判的司法实践中,适用外国法作为准据法的情形较少。例如,2004年有学者对我国《最高人民法院公报》和涉外商事海事审判网公布的50件海事案件进行统计发现,其中适用外国法的案件仅有3件;[1]2012年其亦作过统计,发现适用非中国法的案件仅2件。[2] 有学者自2001年起对我国国际私法司法实践进行抽样考察,得出我国法院在涉外民商事审判中年均适用我国内地法的比例达90%以上的结论。[3] 还有学者对

---

[1] 参见黄进、杜焕芳:《关于我国法院审理涉外海事案件适用法律情况的分析》,载金正佳主编:《中国海事审判年刊(2003)》,人民交通出版社2005年版,第95页。

[2] 参见黄进、周园、杜焕芳:《2012年中国国际私法司法实践述评》,载《中国国际私法与比较法年刊》2013年第16卷,法律出版社2015年版,第428页。

[3] 参见黄进于2001年至2010年主持撰写的"中国国际私法司法实践述评",分别载于《中国国际私法与比较法年刊》第5—14卷。

我国法院审结的 1000 件涉外民商事案件进行调查,发现法院审理涉外民商事案件适用我国内地法的比例约 87%,而适用非中国法的比例则仅仅约为 5%。①

2. 查明途径与方法的具体应用

在司法实践中,主要的外国法查明方式呈现以当事人提供为主,其余查明方式使用较少,但中外法律专家提供方式使用频率呈增长趋势的特点。

(1) 当事人提供

该途径是目前司法实践中采用的主流查明方法。当事人一般以外国律师对外国法内容及其理解所出具的法律意见作为自己向法院提供的外国法。部分法院针对该种情形,要求当事人对外国律师的外国法意见办理公证和认证手续。②

(2) 司法协助

在司法实践中,使用司法协助的方式进行查明的频率与次数并不多,但是未来的使用潜力巨大。这种方式以我国与外国的司法协助条约为依据,条约中往往规定"本条约规定的司法协助包括:交换法律资料"。③ 通常流程为需要查明外国法的法院层报高级人民法院,再由其上报最高人民法院,由其转递司法部,再由司法部交至需查明国的主管机关查询并经由原途径回应至请求法院。

---

① 参见徐锦堂:《当事人合意选法实证研究——以我国涉外审判实践为中心》,人民出版社 2010 年版,第 33 页。
② 参见高晓力:《涉外民商事审判实践中外国法的查明》,载《武大国际法评论》2014 年第 1 期。
③ 参见《中华人民共和国和阿尔及利亚民主人民共和国关于民事和商事司法协助的条约》第 7 条第 4 项、《中华人民共和国和阿根廷共和国关于民事和商事司法协助的条约》第 4 条第 4 项、《中华人民共和国和波斯尼亚和黑塞哥维那关于民事和商事司法协助的条约》第 3 条第 4 项以及《中华人民共和国和秘鲁共和国关于民事和商事司法协助的条约》第 3 条第 4 项等中的规定。

(3) 使领馆协助查明

即通过外交部门协助查明外国法。在司法实践中该种查明方式很少被使用。

(4) 中外法律专家提供

这是指由法院委托中外法律专家提供和查明外国法。由于我国法院缺乏专门的外国法查明机构,在司法实践中,我国法院几乎不采用这种方式查明外国法。但随着国内一批政法高校相继建立外国法查明中心,如2014年12月8日成立的华东政法大学外国法查明中心、2015年1月19日成立的中国政法大学外国法查明中心,[①]我国法院在司法审判中已经开始借助上述中心的法律专家学者出具的法律意见书进行外国法的查明。例如,2015年宁波中院通过采纳华东政法大学外国法查明中心查明了澳大利亚联邦判例法进而作出裁判,[②]随后上海市静安区法院、宁波北仑区法院相继委托华东政法大学外国法查明中心分别查明了美国华盛顿州法[③]和香港公司法。[④] 在司法实践中,该种查明方式的使用呈上升趋势。

3. 错误地要求当事人查明

在司法审判实践中,有的法院在当事人没有选择适用外国法律时,仍然要求当事人提供相关的外国法律,以至于在当事人没有提供外国法的情况下法院认定无法查明外国法。例如,在王新宇、罗萨里奥公司等与安顺船务公司船舶买卖合同纠纷一案[⑤]中,当事人在协议书中并无法律适用的约定,而上海海事法院经审理

---

① 参见《中国政法大学外国法查明研究中心成立》,http://www.bjnews.com.cn/news/2015/01/19/350568.html,访问日期:2016年11月20日。
② 参见宁波中院(2012)浙甬外字第16号民事判决书。
③ 参见上海静安区法院(2015)静民四(商)初字第S906号民事判决书。
④ 参见宁波北仑区法院(2015)甬仑商外初字第19号民事判决书。
⑤ 参见上海海事法院(2005)沪海法商初字第485号民事判决书。

认为,根据《民通意见》第184条认定涉案的被告人罗萨里奥公司是在英属维京群岛注册的公司,该公司的民事行为能力应依照其注册登记地,即英属维京群岛的法律来确定,而被告王新宇未提供英属维京群岛的相关法律以佐证其主张,因而上海海事法院在认定无法查明罗萨里奥公司注册登记地法律的情况下,适用了我国法律来确定罗萨里奥公司的民事行为能力。

4. 未穷尽查明方式即认定外国法查明失败

在司法实践中,在法官依职权查明外国法的情形下,有些法院往往在判决书中既不说明法院曾在查明外国法的问题上作出过何种努力,也不说明最终未能查明外国法的具体原因,而只是在判决书中简单写明:"本院也未能通过其他方法查明",而直接对外国法作出无法查明的认定。例如,在博联公司与中化连云港公司海上货物运输合同纠纷一案①中,上海高院认为虽然提单背面明确记载着应由美国法律调整案件中的争议事项,但被告博联公司没有向上海高院提交美国的相关法律,而上海高院在判决书中也没有提到任何有关进一步查明外国法的相关工作,却只是在判决书中草率地认定"通过法定的几种查明方法,本院对美国相关法律也无法查明",从而最终直接适用了我国《海商法》的相关规定对该案作出了判决。对于上海高院到底通过法定的其他何种方法查明,以及是如何进行进一步的查明工作的,判决书中并没有提及。

二、当事人提供中的问题

在我国的司法实践中,当事人在选择适用了外国法后,可能会由于各种主客观原因,在法定的期限内没有提供该外国法的相

---

① 参见上海高院(2011)沪高民四(海)终字第205号民事判决书。

关内容,而在此种情形下法院没有及时督促当事人去查明外国法的内容或者在当事人查明外国法的过程中没有给予其必要的帮助,便认定无法查明外国法,从而直接适用我国的相关法律来对该涉外民商事案件作出判决。

例如,在中国船舶工业贸易公司与海联货运代理有限公司(Ocean Link Shipping Limited)船舶抵押融资合同纠纷案中,当事人双方在主协议中明确约定并在庭审中确认选择适用香港法律。为此,宁波海事法院要求原、被告双方在规定的期限内向法院提交香港的有关法律,但当事人双方未能在有效期内提交相关的香港法律,宁波海事法院在没有给予当事人必要的督促和帮助的情况下即认定香港法无法查明。① 再如,在津川国际客货航运公司与河北圣仑进出口公司无单放货案中,提单背面明确约定在发生争议时应适用英国法律来审理,但在整个诉讼过程中,双方当事人从没有向天津海事法院提交过英国法的相关内容,也从没有向天津海事法院提出过适用其他法律的主张,而天津海事法院在没有给予当事人必要帮助的情况下就直接适用我国的相关法律对案件作出了判决。②

2005年最高人民法院《第二次全国涉外商事海事审判工作会议纪要》中曾规定,涉外商事纠纷案件应当适用的法律为外国法律时,由当事人提供或者证明该外国法律的相关内容。当事人可以通过法律专家、法律服务机构、行业自律性组织、国际组织、互联网等途径提供相关外国法律的成文法或者判例,亦可同时提供相关的法律著述、法律介绍资料、专家意见书等。当事人对提供外国法律确有困难的,可以申请人民法院依职权查明相关外国法律。然而,在司法实践中,法院已习惯于让当事人承担查

---

① 参见宁波海事法院(2002)甬海温初字第83号民事判决书。
② 参见天津海事法院(2002)海商初字第144号民事判决书。

明外国法的义务。一旦当事人提供不出,就认为外国法无法查明。

我国民事诉讼法尚未对当事人提供的外国法证明材料规定采信标准,实践中普遍把当事人提供的外国法作为事实证据对待,在某些情况下,即使查找到了外国法的内容,法院也可能拒绝采纳查找结果。法院拒绝采信当事人提供的外国法证明资料主要基于以下三类理由:

第一,专家法律意见书中的意见缺乏法律根据。外国法作为一种客观公开存在,其真实性毋庸置疑,因此证明外国法的真实性只需要证明外国法内容的客观性,这要求当事人提供的外国法必须是外国法律本身,而不能仅仅只是对外国法适用的主观意见。在新加坡欧力士船务有限公司诉深圳市华新股份有限公司等依光船租赁权益转让合同给付欠付租金案[①]中,涉案光船租赁协议约定适用英国法,新加坡欧力士提供了英国律师出具的经司法部委托的香港律师公证的"英国法律意见书",但一审广州海事法院认为该意见书"仅是关于本案所涉合同有效,新加坡欧力士的诉讼请求可获得英国法支持的分析意见,没有具体的英国法律内容,且未经英国公证机关公证,因此本案应适用中华人民共和国法律"。厦门海事法院在杭州热联进出口股份有限公司诉吉友船务有限公司海上货物运输合同纠纷案[②]中、上海市第一中级人民法院在北京德某高尔夫体育发展有限公司等与某万株式会社侵害商标权纠纷上诉案[③]中也均因当事人提供的法律意见书只呈现了专家的个人意见、未写明外国法的客观内容而作出无法查明的认定。

---

① 参见广东省高级人民法院(2002)粤高法民四终字第143号民事判决书。
② 参见厦门海事法院(2010)厦海法商初字第353号民事判决书。
③ 参见上海市第一中级人民法院(2012)沪一中民五(知)终字第218号民事判决书。

第二,提供的法律不符合我国民事诉讼程序对证据形式的要求。迄今我国仅在法律适用规范中涉及外国法查明制度,因此并未对当事人提供外国法和法院查明外国法的程序事项作出规定。但当外国法的内容作为证明对象被当事人提交至法院时,法院会对其适用《最高人民法院关于民事诉讼证据的若干规定》(以下简称《证据规定》)对证据的要求——"证据系在中华人民共和国领域外形成的,该证据应当经所在国公证机关予以证明,并经中华人民共和国驻该国使领馆予以认证"(第 11 条);"当事人向人民法院提供外文书证或者外文说明资料,应当附有中文译本"(第 12 条)。该规定从形式标准上要求提交至我国法院的外国法必须满足下列条件:(1) 外国法所在国公证机关公证,以确认所提交的外国法现行有效;(2) 将前述公证文书经中华人民共和国驻该国使领馆予以认证;(3) 提交的外国法须附有有资质之翻译机构翻译的中文译本;(4) 有法官还要求对中文译本进行公证。① 在通过当事人提供的途径查明外国法时,未达证据形式要求已成为我国法院常用的认定外国法无法查明的理由,在 2004 年美亚保险公司上海分公司与香港东航船务有限公司、民生轮船有限公司上海分公司海上货物运输合同货损货差代位求偿纠纷案②,以及 2012 年法国达飞轮船公司与上海励志国际物流有限公司海上货物运输合同纠纷上诉案中,法院都曾以这一理由拒绝采信当事人提供的证明外国法内容的证据材料。

三、法律专家提供与外国法查明中心

在司法实践中,法官往往多会通过援引"查明失败"而拒绝适用外国法转而适用中国法。法官往往怠于适用外国法,或者在未

---

① 参见詹思敏:《外国法的查明与适用》,载《法律适用》2002 年第 11 期。
② 参见上海海事法院(2003)沪海法商初字第 207 号民事判决书。

充分查明的情形下,如只要求当事人提供外国法,不能提供的即视为外国法查明失败,或者由于法官缺乏查明能力,对外国法的理解与适用能力不足,对当事人提供的外国法无法辨别。

著名的国际私法学家戴西(Dicey)和莫里斯(Morris)就曾说过:需要查明的外国法不能仅仅依据向法院提交的外国法文本来证明,也不能是仅通过引用外国的裁判或权威学者的著述来证明。因为若没有专家的协助,提交到法院的这些材料就只是专家证据的一种,而法院尚未对此作出评价和解释。[①]

此外,外国法查明通道不便利且制度不清晰。如上文所述,缺乏如外国法法律专家证人以及其他便利的查明途径导致法官不积极查明外国法。在实践中法官都不知道如何运用已签订的司法协助条约进行外国法查明。

从我国现行立法和司法解释看,我国还存在查明途径和方法过于单一的缺陷,其产生的主要原因在于中国当前外国法查明的相关制度的缺失。如缺乏司法协助查明的便利化和常态化运行制度,使得法官因司法协助的程序繁杂与周期冗长而不愿意通过司法协助进行外国法查明。而对于中外法律专家查明方式来说,则缺乏相配套的专家证人制度。

正如上文所述,法律专家证言对于外国法的查明来说大有裨益。一方面,由于关于外国法的意见是由法律专家所出,能够在一定程度上保证所查明外国法的正确性与可采纳性;另一方面,相比其他查明途径,尤其是司法协助及使领馆协助查明的方式,法律专家查明的方式效率更高且在具体实践中具有较强可操作性。

目前来看,我国缺乏与外国法查明配套的外国法"专家证人"

[①] See A. V. Dicey & J. H. C. Morris, *The Conflict of Laws*, 12th ed., Sweet & Maxwell, 1993, p.230.

制度。首先,在我国民事诉讼的立法和司法实践中,仅对鉴定人制度有所规定,而关于"专家证人"仅规定在《证据规定》的第61条,即"当事人可以向人民法院申请由一至二名具有专门知识的人员出庭就案件的专门性问题进行说明"。但是,就专家证人的具体申请程序、其资格以及说明问题的范围缺乏规定。其次,针对涉外民商事审判中进行外国法查明时类似于鉴定人与专家证人的特殊规定为空白。

所以,考虑到在外国法查明制度下,法律专家意见与证词将日益成为重要的外国法查明方式,且有利于我国涉外民商事审判的外国法查明,有必要构建相对完善的外国法"专家证人"制度。

(一)外国法律专家的主体资格

美国法中对专家的规定比较宽松,但在司法实践上,法院会审查专家是否有能力出具有关外国法律的意见。虽然法律并不要求具体的资格条件,但能否出具有关某外国法律的意见,却是一个自由裁量的问题。在 Chadwick v. Arabian American Oil Co. 案中,一个仅在阿拉伯国家生活过的人是不能作为专家提供该国法律意见的。[①] 可见,这种外国法律专家的主体资格不是一种硬性的表面条件,而是基于常识经验的判断。这是英美法系国家的特点。英国也是一样。1972年的英国《民事诉讼法》规定:任何由于其职业或者工作而获得外国法的人都有资格成为专家证人。[②]

我国1988年发布的《最高人民法院关于贯彻执行〈中华人民共和国民法通则〉若干问题的意见(试行)》第193条和2010年通过的《涉外民事关系法律适用法》第10条以及2013年颁布的《最

---

① 该案涉及沙特阿拉伯法律问题的查明,原告聘请的专家只是一个生活在沙特阿拉伯国家的美国人提供的书面陈述,法院综合考虑后最终没有采纳他的法律意见。

② 参见张红宽:《外国法查明中的专家制度探析》,载《河南财经政法大学学报》2016年第5期。

高人民法院关于适用〈中华人民共和国涉外民事关系法律适用法〉若干问题的解释(一)》第17、18条等中也只是简单、笼统地说成是中外法律专家,并没有更具体、更细化的标准规定。虽然目前看,还没有发生什么重大的问题,但仍需要对外国法查明专家的主体资格进行审慎的判断。

1. 在外国留学过并不能证明其有提供该外国法意见的能力

现在在海外留学的学生和学者很多。国外很多高校都以吸引中国留学生作为增加学校经费来源渠道和开展对华交流合作的途径。然而,现实生活中,一些学者去海外留学时,本身只是对某一特定领域的法律专业开展研究,而非受过该国全面的法律知识教育。例如,一个中国的硕士研究生去外国攻读国际法学博士学位,或者一个中国高校的法学教师去外国研究半年或一年该国的某一具体领域的法律问题。如果让他出具该国侵权法或家庭法的法律意见,那么此人未必有能力和资格提供准确的该外国法律信息。甚至他根本没有上过有关该国侵权法的课,也没有看过侵权法方面的法条和文献。更有甚者,他甚至不懂该国语言,看不懂或不能准确理解以该国语言表达出来的立法条文。这种情况在最高人民法院和高校联合建立的外国法查明中心专家库中是存在的。

我们仍然停留在以文凭和表面经历认定资格的水平,这样出具的外国法专家意见势必会影响外国法查明的质量,从而加大错误理解与适用外国法的风险。

2. 国际私法学者并不是当然的外国法查明专家

虽然对外国法查明制度的研究主要是国际私法学的专业研究领域,但只从事国际私法学研究的学者并不当然具备出具外国实体法意见的能力和资格。这也是最高人民法院和中国政法大学联合建立的外国法查明中心专家库成员表现出来的问题。如前所言,我国一些高校研究生或学者到国外攻读国际法学位或访学,并没有系统研究过该外国的基本法律制度和某一具体民商法知识,其对该外国民商事实体法并不了解。虽然其具有外国访学经历,或者获得过该外国国际法专业博士学位,但并不真的了解该外国民商事实体法的具体内容。

国际私法学者并不是万能的,并不一定懂外国的实体法。

3. 不能因专家的律师身份就怀疑其中立立场和意见的准确性

现实生活中,真正懂某一具体外国民商事实体法的专家可能并不存在于高校之中,而是存在于律师事务所或者外向型企业的法务部门之中。这些人可能因为在国外留学时具体学习了某一具体的外国实体法而对该国法律制度有比较准确的认识,同时又因工作需要而对外国实体法的变化和发展能够及时跟踪和掌握。例如,有的律师可能对韩国的婚姻法精通,有的律师对阿拉伯国家的合同法精通。这些宝贵的外国法知识和经验是其工作的立身之本,也是其工作经历所得。高校教师和学者反而无法像他们那样随时保持着对外国法变动情况,特别是司法判例情况的动态了解。因此,仅仅因其律师身份、没有博士学位而否定其能力和资格是不妥的。同时,在其被法院聘请的情况下,如果没有特定回避事由和情形,他们出具法律意见的立场也是中立的,不应该怀疑。

(二)外国法律专家的聘请主体

外国法律专家的聘请主体因为查明责任而可能有所不同。在由当事人负责提供的前提下,当事人聘请外国法律专家是可以理解的;而在由法院负责查明的时候,法院作为聘请主体则是必然的。司法实践中,有的法官出于习惯的偏见,往往不信任当事人聘请的法律专家,对于其提供的外国法意见完全不考虑,只愿意当事人提供外国法的文本。这种认识是错误的。当事人本身不是法律专家,其聘请外国法专家不仅仅是义务,也是权利。至于意见来源于律师还是学者不过是一种形式。

事实上,在同一案件中,可能存在多方主体都聘请了外国法律专家的现象。这不是坏事,反而是好事,有助于法院鉴别外国法的内容和真实性。出于专业角度的考虑,在当事人提供了专家意见之后,法院可以出于自己难以判断的考虑,而另行聘请法律专家对双方当事人提供的外国法专家意见作出判断,帮助法官理解和分析各方出具的意见,协助法官采信外国法的证据;还可以在交叉质证中,让法律专家作为法官的助手,协助法官提出问题。可见,外国法律专家的聘请主体是多元的,不存在谁有权请谁无权请的问题。

(三)外国法律专家的意见方式

在英美法系国家,由于将外国法作为事实看待,因而将外国法的专家意见视为一种证据形式。一旦这些专家证据被提交、接受,就可能在审判中作为意见证据被采纳,而意见证据作为起诉状或答辩状的一个组成部分由具有专门知识和特殊技能的专家提供,该专家可视为证人,即专家证人。大陆法系国家一般将外国法视为法律,主张由法官依职权来查明外国法,但可以由当事人提供专家意见作为辅助手段予以配合,如意大利、奥地利等国家就认为专家意见书是外国法查明的辅助方法,将专家归为辅助人。此外,在大陆法系其他国家也有将专家视为鉴定人的,要求其出庭作证、接受法庭询问并享有相应的权利和承担法定的义务。

法官是国内法的专家,但非外国法的专家。外国法的查明和解释,仅靠法官的一己之力是难以完成的,因此外国法查明程序离不开专家证人制度的构建。在我国民事诉讼法中,只有与专家证人制度相关的鉴定人制度,缺乏对专家证人的直接规范。我国外国法查明的司法实践中虽已有不少引入专家证人的实例,但可以说都是在没有明确规范的情况下引入专家证人的。在涉外民事诉讼的外国法查明程序中,专家证人制度急待确立。其中,关键的问题包括:专家证人是否应具备必要的资格条件,国内专家证人和国外专家证人何者优先,专家证人应提供书面证词还是口头证词等。

第二节　外国法的适用

法律解释是指法官按照法律的规范意旨,运用法律思维方式,在法律适用过程中,对与案件相关的法律和事实的意义所作的阐明。[①] 法律解释的过程,包含在法律适用的过程之中,即法律解释与法律运用是相伴而生的,在运用法律时,必然会涉及对法律的解释。

在涉外民商事案件中,一个需要考虑的重要问题即是外国法的查明与运用。它包括法院在审判时对外国法的具体解释与运用,即法官在具体个案的司法实践中对外国法含义的理解与外国法下法律事实的判定的阐述和说明,进而产生最终的外国法适用效果——利用外国实体法对当事人实体的权利义务进行评价。

一、外国法的理解与解释

在国内学术界与司法实践部门中,长期以来存在一个认识上的误区,即认为在涉外民商事审判中,只要能够确定查明的主体、途径和方式,通过查明环节获得外国法,法官自然可将案件特定

[①] 参见陈金钊:《法律解释及其基本特征》,载《法律科学》2000年第6期。

事实涵摄于该外国法整体规定之下,进而得到裁判结果。这正符合大陆法系传统审判过程所呈现的典型机械式活动图景:"法官的作用仅仅在于找到那个正确的法律条款,把条款与事实联系起来,从法律条款与事实的结合中会自动产生解决办法。"①然而,法官将案件事实机械地涵摄到单一确定的法律规则之下,像自动售货机一样输出裁判结果的法律适用过程只不过是美好的神话。在实际案件的审理过程中,外国法的适用并不是这么简单。

(一) 外国法的理解

找到了外国法的文本或者判例的出处,并不等于掌握了该外国法的内容。要正确适用外国实体法,首先需要理解外国法的含义。在国际私法里,过去不重视这个问题,把外国法的查明(ascertain of foreign law)简单理解为外国法的查找和证明(the proof of foreign),仿佛找到外国法,查明任务就结束了。现在已经有学者提出了外国法的解释(interpretation of foreign law)问题,说明外国法的解释对正确适用外国法的重要性。②

在外国法的解释前,存在一个外国法的理解(understanding of foreign law)问题。即使翻译正确,或者法官恰巧懂得该国语言,但不一定能正确理解该外国法的精神。在从外文翻译成法院地本国文字的过程中,可能出现因翻译的原因而错误理解外国法精神的现象。每个具体的外国实体法条文都是在其外国法律制度背景下、在整体法律环境中对具体问题的规范,要真正把握某个具体外国实体法的内容,需要结合其所在法律制度环境综合考察。③一个审判具体案件的法官,只能做到熟悉本国法律制度和

---

① 〔美〕约翰·亨利·梅利曼:《大陆法系》(第二版),顾培东、禄正平译,法律出版社2004年版,第36页。
② 参见徐鹏:《外国法解释模式研究》,载《法学研究》2011年第1期。
③ 参见闫卫军:《论正确查明和适用外国法的可能性——兼论外国法查明问题的定性》,载《海峡法学》2010年第3期。

本国法律语言,不能苛求其精通多国语言和多国法律制度。这就为法官比较外国实体法的差异和优劣带来困难。

"理解"是为了准确把握外国法的含义,"解释"则是法律的运用,是为了正确适用外国法。正确解释的前提是正确理解外国法,但理解了外国法后是否还需要解释则会根据具体情况而定,并非每个涉外案件中,对每个可能适用的外国法都需要解释。"理解"往往是对外国法的立法目的、原意和立法条文含义本身的把握,而解释则是具体条文在司法实践中的运用,是动态的。法官不仅需要理解外国法,还需要知道该外国法在司法实践中、在新形势下的实际运用。因此,对外国法的解释还需要根据该外国司法实践来确定。这就意味着,即使外国法是成文法,法官也需要了解外国的相关判例,从中了解该外国法的具体适用情况。

当代大陆法系的德国和法国在成文法之外,也建立起了判例制度。通过判例,法、德等国的立法得以稳定化,其解释和运用则随形势的变化而通过司法判例进行更新。对于一个具体的立法条文,即使一个曾留学德国的法官也难以在回国多年后、在不看德国最新判例的情况下就能给出准确的解释。

欧洲法院自成立后,在推动欧盟法律一体化方面发挥了巨大的影响力。如今,欧盟合同法、竞争法、侵权法等欧盟实体法体系已经形成,欧盟成员国的民商事实体法在很大程度上受到欧盟立法和欧洲法院判例的影响。这也会影响到对欧盟成员国实体法的查明、理解和解释。在解释某个成员国的国内民商事实体法时,需要考虑在相同或关联问题上是否有欧盟立法,或者欧洲法院在相关问题上是否有相关判例。这也从另一个方面增加了外国法查明和解释的难度。

因此,外国法的翻译、理解和解释成为比较外国法的重要前提。但并非有了外国法,就能正确理解与适用。

正是由于存在对外国法的理解问题,所以才会有对于外国法的专家意见或者专家证人。在外国法的查明中,过去实践部门以为专家意见不过是原样表述外国法的内容,因而对于当事人提供的由中外律师出具的专家意见书往往采取不信任的态度,认为意见书的主观色彩太强,常常会选择忽视专家意见书中专家对具体条文的解读和对判例的解释部分,而自行对该意见书中的外文立法条文和判例按照自己的理解进行法律适用。这是不恰当的,虽然当事人聘请的外国法专家难免会因当事人一方的聘请而选择性地理解外国法,但自以为可以从文字字面理解外国法的含义也是错误的。

在理解外国法的内容时,需要从外国法的整体法律环境下进行解读。例如,有些法律术语和法律制度有其特定的法律背景,是该外国法律制度中所特有的。如果对该外国法律制度缺乏整体性的认识和了解,就无法理解其真正的含义。适用起来就会是语文式的理解,或者陷入茫然的困境之中。例如,在英国海商法中,对于"谨慎"保持船舶适航的责任,法官在判例中解释为"作为一个正常的人、一个理智的人"在开航前应当尽到的谨慎义务。如何理解"正常的人"和"理智的人"呢?如果按照语文式的字面解读,我们可能会联想到具有完全民事行为能力的人,实际上并非如此。作为评判标准,这个"正常的人"或者"理智的人"是指具有通常船舶驾驶和管理经验和水平的人。可见,在不了解外国法的背景情况下,法官如果自以为可以看懂外国法的含义,只会造成错误适用外国法并错判案件的结果。

(二)外国法的解释

外国法的解释是在理解外国法的具体含义之后,从比较法的角度将外国法的含义以与本国法相同或相似的法律制度对其进行阐释,以达到运用于具体案件的目的。

在外国法解释模式中,解释目标占据着核心地位,它直接决定着解释对象和解释材料的范围,影响着解释的具体方法和手段。外国法解释模式在相当程度上是围绕外国法解释目标予以构建的。裁判者应确定外国法在其所属国的意义,保证外国法如同在其所属国那样予以适用。以此解释目标为核心,主客体严格区分的外国法解释模式得以确立。裁判者作为外国法解释的唯一主体,须摒弃自己在本国法律制度下形成的先见,获取外国法律共同体对外国法意义的理解。

有的国家立法对外国法的解释作出了明确的立法规定,如2005年《保加利亚国际私法典》第44条规定:"外国法的解释和适用,应按照该法律来源国的解释和适用方式进行"。2004年《比利时国际私法典》第15条规定:"外国法应该根据该外国对其作出的解释予以适用"。1998年《突尼斯国际私法典》第34条规定:"法官在适用外国法律时,应一并适用该国对它的解释"。可见,对于外国法的解释目标与国内法不同。外国法解释目标一般被认为是确定外国法在其所属国的意义,从而保证外国法如同在其所属国那样予以适用。

我国《涉外民事关系法律适用法》对于外国法的解释没有任何规定。最高人民法院关于该法的司法解释中也没有提到应如何解释外国法的问题。没有引起足够重视的结果是,法院在审理涉外民商事案件时,对于外国法的解释各行其是。从理论角度看,各行其是并不简单是不尊重外国法的问题,同时也是违背本国冲突法立法目的的表现。一国立法者或者从"冲突正义"理念出发,认为某一法律关系应置于与其在空间上有最密切联系的国家法律管辖之下;或者着眼于"实质正义",为取得实体公正的裁判结果而适用特定国家法律。裁判者只有准确适用冲突规范指向的准据法,才能忠实贯彻本国立法者制定冲突规范的意图。为此,有的国际私法立法甚至直接规定,外国法依其所属国的意义予以适用是为了实现内国冲突法的立法目标,如1998年《委内瑞拉国际私法》第2条明确规定:"所指定的外国法,应根据各该外国的主导原则予以适用,以保证委内瑞拉冲突规范所追求的目标得以实现。"

法官在解释法律时不能率性而为、态意决断,其所作解释应符合法官所在的法律职业共同体对相关法律意义内容的理解。有学者指出,除了来自于国家的权威之外,法院判决的权威不仅直接来源于立法本身,而且建立在法律解释、法学研究以及判例积累等法律实践活动整体的基础上。

当然,依据外国法所属国的解释规则解释外国法,存在实际操作上的困难。除了没有在外国学习法律的背景,法官也难以完全按照外国法的解释方法进行解释,这不仅有能力上的局限,客观上也无法达到完全一样的动态跟踪效果。然而,避免随意解释外国法造成重大解释错误的努力确实是有必要的。为此,最高人民法院应该出台相关司法解释,对于外国法的解释进行必要的规范,例如,在裁判文书中应有阐释外国法含义的内容,加强适用外国法的说理与论证等。

二、判例法的查明与解释

判例是否成为我国国际私法的渊源与我国法院是否应该适用英美法系国家的判例法是两个不同的问题。在外国法查明中,如果我国冲突规范指向适用外国法,而外国法表现为判例形式,那么法官应当适用该外国的判例。这与我国是否承认判例的法律渊源不是一回事。

由于两大法系的划分,造成法官形成传统的思维误区,认为只有适用英美法时,才会需要查找判例;如果是适用大陆法系国家的法律,则只需要找到外国立法条文即可。这样操作的结果是,对于成文法系国家的立法,会出现理解与适用上的错误。法官所解释的外国法并不是真正的外国法,而是法官凭自己想象的外国法。

(一) 英美判例的特点

并非所有的裁判"先例"都能够成为判例,只有特定审级、经过特定程序和方式产生出来的先例才能够被视为判例。

首先,在英国,上议院作出的判决对所有下级法院都有约束力,高级法院作出的判决对低级法院有约束力,而下级法院作出的判决即使在同级法院中也没有约束力。其次,能成为判例的必须是以书面形式作出的判决。在美国存在两个法院系统,联邦法院系统的判决都必须以书面形式作出,因此都可以成为判例;州法院系统中,最高法院的判决必须以书面形式作出,可以成为判例,而州初审法院常常以口头形式宣判,这种判决是不能成为判例的。最后,判例必须由司法先例汇编而成,才能发挥法律的作用。在英国,起初的判例汇编没有官方参与,到19世纪晚期出现了一个进行判例汇编的半官方的理事会,如今英国的判例汇编比较规范,只有在判例汇编中出现的司法先例法官才会引用。在美国,每年都将司法先例编入年报,供法官在决定类似案件时作为依据。也就是说,编入年报的司法先例才能成为判例。

在英美法系中,作为法律渊源的判例,并不是前案的裁判结果,而是就某一法律争议问题阐述的裁判理由。这是需要澄清的一个重要问题。国内学术界对此大多存在误解。一般来说,判例都是由具有上诉审职能的法院确立的,而每一起上诉案件都是由多名法官共同审理的。虽然在法院判决中有"法院判决意见",即多数派法官的意见,但同时还有异议和附议。异议是少数派法官的意见。附议者虽赞成多数派法官的结论,但是有不同的推论或理由。即使全体法官都同意"法院判决意见",不同法官对问题的解释或推理也会有所不同。只有绝大多数法官对争议的法律问题持相同立场和观点时,该裁判观点才能作为"先例"而对以后的审判产生判例的效果。美国的司法判例制度不完全等同于英国的制度。美国存在联邦和州的双轨司法体制,于是就形成了两套相对独立的司法判例体系。

英美法系的判例法,对应于成文法的法律渊源,是根据以往法院的判决,对具体案件进行概括、提炼的法律原则和归责。随着英美法系国家成文立法日益增多,判例法的另一个重要功能显现出来,那就是解释立法。由于立法是由议会通过的,而议会很少进行立法解释,立法的语言表达往往简练,在实践中如何理解与适用就需要法官根据立法目的和意图,以及形势变化进行解释,只有这样,才能保证在实际运用中满足公平正义的要求。因此,判例作为一种重要的法律渊源,虽然其法律地位弱于成文立法,但在实际运用中却占据主要地位。

(二)成文法国家的判例

德国是典型的大陆法系国家,成文法是其主要的法律渊源。议会拥有立法权,法院作为司法机关,只能够适用法律,并没有如英美法系国家的法院通过判例创制相关法律的权力。然而,随着两大法系的融合,尽管德国没有像英美法系国家那样适用"遵循先例原则",但是在当今的诉讼活动中,判决先例的价值正日益凸显。

在德国立法中并没有明确判例的法律地位,但在司法实践中,德国法院为了保持判决的一致性,下级法院会自觉遵循上级法院以往的先例。这就形成了实际上的判例制度。[①] 基于对上级

---

① 参见最高人民法院课题组:《关于德国判例考察情况的报告》,载《人民司法》2006年第7期。

法院的尊重,同时也是为了避免判决被上诉法院撤销,下级法院通常会遵循上级法院的判例。当然,先例的遵循需要满足几个条件:首先是法院正在审理的案件在法律上与先例存在关联性,即先例中对成文法的解释与法院正在审理的案件中需要处理的法律问题密切相关;其次是先例对于正在审理的案件具有法律上的拘束力,即先例是由上级法院作出的。

德国法的渊源中包含了立法、立法资料和学者理论。立法资料是关于立法背景、立法目的、立法原意的权威注解。学者理论在某种程度上也是在解释法律。判例的目的在于解释法律,达到统一裁判的效果。因此,遵循判例正是为了实现判决的一致性和权威性。判例正是在充分解释法律、论证法律含义的基础之上起到统一裁判尺度的作用的。可见判例并不是裁判的结果,而是存在于判决中的法律解释和论证。

从这一点看,德国判例与英美判例的存在形式是相同的,即都存在于先前的判决中,是判决中的说理部分;不同的是,英美法系的判例可以创造法律,德国的判例只能解释法律。其实,这一点也已同化。在英美法系国家,如果已有关于某个法律关系的成文立法,法官并不能创造出与成文立法不同的判例。随着成文立法越来越多,当代英美法系判例的主要功能已从创造法律演变成司法解释法律。

德国各个判例汇编的结构特征有很高的相似性,通常由引导词、法条、关键词、案件信息、案件事实、裁判理由以及案件评论七个部分组成。裁判理由是判例的核心内容,也是理解与解释法律的部分。当需要适用德国法时,不能仅看其立法条文,还要看该条文在司法实践中是如何运用的,这就需要查看相关判例了。

第三节 国际条约与国际惯例的适用

本节中"国际条约的适用"仅指国际条约在涉外民商事司法审判中的适用,并非指所有国际条约在我国的适用,以及在行政机关或其他方面的适用。因此,这里的"国际条约"也限定在可以被法院在涉外民商事案件中适用的条约,而不包括刑事条约、外交条约、行政合作条约等。同理,本节中所谈的"国际惯例"也仅指能够为法院在涉外民商事案件中适用的惯例,并非泛指一切国际习惯。

由于我国宪法并未明确国际条约在国内的法律地位和适用情形,学术界一致存在争议。其中,涉及国际条约能否直接适用、国际条约与国内法的适用顺序、能否适用我国未加入的国际条约等问题。这种争论也反映在司法实践中,造成出现司法裁判不一的现象。关于国际惯例,由于对其内涵理解不一,也存在同样的问题。因此,廓清国际条约与国际惯例的适用,也是优化我国涉外司法环境、提高涉外审判质量的重要因素。

一、国际条约的适用

国际条约表现为两种类型:一是造法性条约,二是契约性条约。所谓造法性条约,是指作为国际法渊源,创造国际法规范的条约;所谓契约性条约,则是国家间就具体事务明确相互权利义务关系的条约。当然,现实生活中还存在造法性与契约性混合的条约形式。

所谓国际条约的适用,从广义上讲,是指国际条约在成员国国内的效力。这包括国际条约是否具有直接适用的效力,还是需要转化为国内法;也包括国际条约与国内法适用的顺序,即是否具有优先于国内法的效力。

作为涉外民商事审判中可能适用的国际条约,既可能是造法性的,也可能是契约性的。具有普遍适用意义的是造法性条约,如《联合国国际货物销售合同公约》。司法实践中也可能会适用契约性条约,如两国间签订的关于具体商业活动的协议。不过,这种契约性的条约不是作为法律而被法院适用,而是作为当事人之间的合同判断违约或侵权等具体诉讼请求的合理性。

(一) 关于国际条约适用的一般理论讨论

理论上,国际条约对一个国家生效可分为国际、国内两个层面。在国际层面上生效即该国对其他国际法主体享有权利和负有义务,如果违反义务则要承担国际责任;在国内层面生效则指各国国内法律主体承受具体的权利和义务以完成国际条约赋予该国的权利和义务。在国内层面上生效被有的学者称为在国内法上的接受。具体来说,有两种做法:一是转化,即每一个条约均需经立法机关制定相应的国内法后才能对国内适用;二是纳入,即一次性原则地在宪法性法律中规定条约是该国法律体系的一部分,一个条约在国内公布或在国际上生效的同时即开始在国内生效。[①]

国际条约在国内的适用,是指国际条约在国内的执行或实施,而不是生效。不论是转化,还是纳入,都涉及国内法与国际条约在适用时的关系处理问题。美国的司法实践将美国参加的国际条约区分为"可自动执行的条约"(self-excuting)和"非自动执行的条约"(nonself-excuting),即根据条约内容是否直接创设了私权利而区分是否需要将条约转化后才能适用。对于"可自动执行的条约",即条约已经明确规制了私权,不需要国内立法机关将其内

[①] 参见陈寒枫、周卫国、蒋豪:《国际条约与国内法的关系及中国的实践》,载《政法论坛》2000年第2期。

容转化为国内法时,法院可以直接适用,而对于需要通过国内立法机关修改国内法或制定国内法才能符合条约时,采取不直接适用,即认定其不具有直接适用的效力,仍然适用国内法。

当前,我国并无宪法性法律规定条约与国内法的关系。对于条约在国内如何生效,我国没有原则性的规定,既没有规定转化方式,也没有规定纳入方式。我国《宪法》仅原则性地简单规定了国务院的缔约权及全国人大常委会的决定批准与废除权。《缔结条约程序法》也只规定了缔结条约的程序。另外,我国也没有将条约纳入国内法的明确规定。我国的不少法律、法规含有条约与之发生冲突时适用条约的规定。这样做的前提应是生效的条约当然具有国内效力,可由法院、行政机关直接适用,即采用纳入方式生效。

条约直接在国内适用并不排除我国根据实际国情制定不违反条约规定的国内立法。其中一种情况是在批准或加入某条约之前先进行国内立法,以满足条约的要求,便于实施条约,或者对国内法进行修改,以尽量避免国内法与条约发生冲突。例如,我国于1995年10月颁布了《民用航空法》,其中有关民用航空器权利的规定与1948年《国际承认航空器权利公约》的内容完全一致。

另一种情况是先批准或加入条约,再立法。例如,我国分别于1975年和1979年加入了《维也纳外交关系公约》和《维也纳领事关系公约》,两个公约直接在国内适用。之后,我国又分别于1986年和1990年制定了《外交特权与豁免条例》和《领事特权与豁免条例》。根据中国国情,两个条例对两个公约的个别条款作了变通规定,但这并不妨碍两个公约在我国国内直接适用。

可见,我国在对待国际条约能否直接适用的问题上,态度是模糊的,缺乏明确的标准界定哪些是可以直接适用的,哪些是需要国内立法机关转化适用的。正如李浩培先生说:"除了采取必须把条约转变为国内法的制度的那些国家,如英国和意大利以外(因为在采取这种制度的国家,凡已以立法转变为国内法的条约都可以由司法或行政机关适用,而未转变为国内法的条约都不能适用,所以无须作出条约是否自执行的区别),凡把条约一般地接受为国内法的国家,实际上都有区别自执行和非自执行的条约的必要。"①

关于条约适用的身份或方式,即是以法律的身份在我国适用,还是以获得国内法律效力的方式在我国适用,存在不同看法。应该说,由于条约的性质纷繁复杂,不宜一概而论。一般情况下,通过赋予条约以国内法效力的方式在我国适用,而不是以法律的方式适用更符合国内法理一些。因为条约反映的毕竟是缔约国的共同意志,而不是一个国家的单独意志;条约不同于立法机关制定的法律。笼统采用单一的纳入方式给予条约以国内法上的效力并不恰当;当然,也不赞成所有的条约都必须通过国内立法的转化才能获得国内法的效力。采纳入与转化相结合的方法应是我国赋予条约以法律效力的理想模式。对于那些纯民商事条约可采取纳入的方法给予其以国内法的效力,如《联合国国际货物销售合同公约》等;那些涉及国家管理职责或国家义务的条约,以及政治性条约或者涉及国家财政等问题的条约,就应采转化的方式赋予其法律效力,如《联合国经济、社会及文化权利国际公约》等。对于那些既没有被纳入也没有被转化的条约,则不能获得国内法律的效力。②

应该说,直接适用条约和间接适用条约或自执行和非自执行条约的区分标准是有实际意义的。条约性质标准解决的是条约

---

① 李浩培:《条约法概论》,法律出版社1987年版,第380页。
② 参见刘永伟:《国际条约在中国适用新论》,载《法学家》2007年第2期。

应当不应当在国内法院直接适用的问题,条约约文标准解决的是条约可以不可以在国内法院直接适用,必要性标准解决的是有无必要在国内法院直接适用条约的问题。我们应当依照条约的性质和约文的措辞以及实际需要情况解决直接适用条约和间接适用条约的区分,凡是应当、能够且需要直接适用的就直接适用;其他条约,应当、能够且需要转化的就转化适用。

(二) 我国司法实践中适用国际条约时存在的问题

曾有文章总结分析过上海市法院在涉外案件审判中适用国际条约的情况。[①] 据该文统计,自1990年至2012年这22年之间,上海各级法院在实际审判过程中直接适用国际条约的各类案件数量达144个。其中,以上海市第二中级人民法院(以下简称"二中院")、上海市浦东新区人民法院(以下简称"浦东法院")和上海市第一中级人民法院(以下简称"一中院")为适用数量最多的三个法院,分别为47件、36件和32件,其他的则出自于个别的基层法院以及海事法院、铁路法院等专门法院。在对这144个案件进行审理的过程中,各级法院直接适用的国际条约达18个,主要运用于解决国际货物销售合同纠纷、知识产权纠纷、国际货物运输纠纷、海事纠纷、申请裁判承认与执行、司法协助等六个领域的民商事法律纠纷,同时在刑事案件的审判中上海法院也直接适用了相关的国际条约。

总结各地法院在涉外民商事审判中适用国际条约的情况,可以发现存在以下实际问题:

1. 混淆条约在国内的生效与适用

虽然我国宪法及有关宪法性法律都没有明确条约在国内如何生效的问题,但我国许多民商事立法都规定了"当中华人民共

---

① 参见杜婧:《1990—2012上海市法院适用国际条约情况刍议》,载《学理论》2015年第5期。

和国缔结或参加的国际条约与本法规定不同时,优先适用国际条约"。我国司法实践中似乎倾向于将其理解为条约在国内生效的条件,即条约在国内直接适用是以条约规定与法律规定之间存在冲突作为条件。如果这样理解,就使得条约的有些规定无法在国内得以实现。例如,1987 年 8 月 27 日,外交部、最高人民法院、最高人民检察院、公安部、国家安全部、司法部联合发布的《关于处理涉外案件若干问题的规定》指出:"当国内法以及某些内部规定同我国所承担的条约义务发生冲突时,应适用国际条约的有关规定。……我国不应以国内法规定为由拒绝履行所承担的国际条约规定的义务。"

2. 如何理解国际条约优先适用

如前所言,我国《民法通则》《海商法》《民用航空法》等法律中有关国际条约的优先适用是有条件的。

首先,可以作为审理涉外民商事案件依据的国际条约应是国际统一实体法条约。统一实体法条约是指具体规定国际民商事关系当事人实体权利与义务的条约。这是因为,目前我国立法中凡规定国际条约优先的法律都是如《民法通则》《海商法》《票据法》之类的民商事实体法,而非宪法性法律。因此,这些实体法中所指的国际条约应当只是与该实体法相关联的实体条约,不应当包括程序法条约和外交、国防以及刑事、行政条约在内。这样才符合宪法和法理。我国《民事诉讼法》中虽然也提到了依照国际协定办理,但并未明文规定适用优先。

其次,潜在的适用条件是我国已经加入国际条约。对于我国尚未加入的国际条约,则不能适用。在当事人协议选择适用我国未加入的国际条约时,该条约应不是作为法律,而是视为当事人约定的合同条款。最高人民法院在有关《涉外民事关系法律适用法》的司法解释中明确界定了这一点。因此,我国未加入但当事人选择适用的国际条约并不具有高于我国国内法的效力,不能优先适用,而是补充适用;不能违反我国法律的强制性或禁止性规定。

最后,我国立法中所说的优先适用是在国内立法与我国参加的国际条约内容不同的时候优先适用,而不是一律优先适用。因此,当我国国内法规定与我国缔结或加入的国际条约内容一致时,仍应当适用我国的国内立法。这既体现了我国遵守国际义务的一面,也符合国际法与国内法关系理论。实际上,在国内法与国际条约一致时,所谓适用不过是引用国际条约还是国内法的问题。如果仍然援引国际条约,就会削弱国内法的权威。这是司法实践中应当注意的问题。不能以适用国际条约为自豪,作为先进或进步的标志。

3. 我国未加入的国际条约的适用

过去,如果当事人在合同中选择适用我国未加入的国际条约,司法实践一般是不承认其效力,也不会将该条约作为法律适用的。但是,这种僵化的立场不利于我国对外经贸活动的开展。例如,在国际航运界被广泛采用的《统一提单的若干法律规定的国际公约》(简称《海牙规则》),我国虽然没有加入,但我国一些主要航运公司却往往在提单背面约定适用《海牙规则》的条款。如果我国司法审判不认可这种当事人选择的效力,势必影响我国企业对外经贸活动。

为顺应实际,广东省高级人民法院曾于 2004 年发布《关于涉外商事审判若干问题的指导意见》,其中第 43 条规定:"当事人在合同中选择我国未参加的国际公约作为合同准据法的,只要所选择的公约是一个能够确定当事人权利义务的国际统一实体法公约,而不是一个关于程序法或冲突法的公约,并且适用该公约不违反我国的公共秩序,就应当认定当事人的法律选择有效。"2013

年《最高人民法院关于适用〈中华人民共和国涉外民事关系法律适用法〉若干问题的解释(一)》第9条也规定:"当事人在合同中援引尚未对中华人民共和国生效的国际条约的,人民法院可以根据该国际条约的内容确定当事人之间的权利义务,但违反中华人民共和国社会公共利益或中华人民共和国法律、行政法规强制性规定的除外。"

4. 当事人协议选择适用

有学者对当事人协议选择法律适用进行了分类:一是在合同当事人所在国是某国际条约成员国时,当事人可以协议排除该公约的适用;二是在当事人不是某国际条约成员国时,当事人可以协议选择适用该国际条约。[①]

对于第二种情形,《最高人民法院关于适用〈中华人民共和国涉外民事关系法律适用法〉若干问题的解释(一)》作出了明确规定。该司法解释第8条第2款规定:"各方当事人援引相同国家的法律且未提出法律适用异议的,人民法院可以认定当事人已经就涉外民事关系适用的法律做出了选择。"对于第一种情形,目前还缺乏司法解释明确其效力。

5. 冲突法规范指引适用

司法实践中还存在一种情形,即我国虽然没有加入某项国际条约,当事人也未协议选择适用该国际公约,但根据我国《涉外民事关系法律适用法》中冲突规范的指引需要适用某外国法,该外国是国际条约的缔约国,且国际条约在该国具有优先于国内法的适用地位。那么,我国也应该适用国际条约的规定。以1980年《联合国国际货物销售合同公约》为例,该公约规定可以直接适用于营业场所位于不同缔约国境内的当事人之间的国际货物销售

---

① 参见许军珂:《当事人意思自治原则对法院适用国际条约的影响》,载《法学》2014年第2期。

合同,同时如果根据一国国际私法规则导致应该适用公约缔约国国内法时,也应被适用。如此一来,即使法院地国并非公约缔约国,但因合同签订地、履行地或者当事人所在地等原因导致法院根据冲突规范适用外国法律时,就可能会适用到该公约。

现实情况是,法院在审理涉外案件时,几乎没有考虑过外国是否加入了某国际条约的情形。法院在查明外国法时,只会考察外国国内法的具体内容,而不会想到了解外国是否加入了有关国际条约。这样也会造成法律适用错误的现象。

二、国际惯例的适用

关于国际惯例的含义和范围,曾经引起过学术界的激烈讨论。这些年随着我国民商事立法越来越完善,关于国际惯例的讨论逐渐冷却,但对立法中国际惯例应如何适用的问题却并未解决。

(一)法律中国际惯例的含义

在我国对外开放的过程中,受"与国际接轨"理念影响,各行各业都在谈论按照"国际惯例"办事。这种"国际惯例"并非法律意义上有确定含义的"惯例",而是国际通行做法或多数国家通行做法的代名词。即使是在司法改革中,法官袍和法槌的使用也被视为国际惯例。在这种情况下,国际惯例成了"先进"的替代用语。我们在盲目跟进外国做法时,该词被作为标签使用,颇有"拿来主义"之意。"国际惯例"一词被泛化理解和使用了。

即使是在法学界,"国际惯例"一词也存在被泛化使用的问题。从法理学来看,法律被划分为成文法和不成文法(或称为"习惯法")。这种习惯法主要是指国内习惯。国际通行做法并不当然地具有法律的效力。国际公法认为,只有经国际社会的反复实践,"作为通例之证明而径接受为法律者"方可作为国际习惯而具有法律效力。① 在国际经济法和国际私法学界,"国际惯例"一词在早期仅指国际商事惯例,并不包括国际公法意义上的国际习惯,后逐步扩大其使用范围。有学者将其划分为"法律范畴的国际惯例"和"任意性的国际惯例",② 也有国际经济法学者将其分为"国际公法上的惯例"和"国际经贸惯例"。所谓"法律范畴的国际惯例"和"国际公法上的惯例"指的是国际公法上具有法律效力的国际习惯,而"任意性的国际惯例"和"国际经贸惯例"则并不一定具有法律效力。虽然用词不同,但都是指国际商事惯例。这种国际商事惯例也就是我们通常所说的"现代商人法"。在这一点上,国际经济法学界和国际私法学界是共通的。此后,"国际惯例"一词再次被扩大化使用。国际私法学界部分学者认为,国际惯例不仅指实体法意义上的通行做法,还应当包括冲突法中的一些基本原则,③如"当事人意思自治"原则、"尊重和保护既得权"原则以及"场所支配行为"原则等;国际经济法学界有学者认为,国际惯例不仅包括横向调整私人之间经济交易关系的商人法,还包括纵向调整国家与经济交易者之间关系的一些基本原则,如国有化补偿原则、国民待遇原则等等。

　　这样一来,"国际惯例"概念在法学界被扩大化使用了。国际惯例不仅仅指国际社会关于某个问题的通行做法,而且还包括基本原则或一般原则(事实上,虽然持广义概念的学者没有使用"一般原则"而是使用了"基本原则"一词,但很难说明在他们所举例中,基本原则与一般原则的区别),甚至还包括基本概念在内。以至于很难分清什么是国际社会的普遍做法和部分国家(尤其是一部分发达国家)的通行做法之间的区别,也很难划分不同性质的

---

① 参见王铁崖主编:《国际法》,法律出版社1995年版,第11页。
② 参见肖永平:《论国际商事惯例在我国的适用》,载《河南省政法管理干部学院学报》2003年第1期。
③ 同上。

"惯例"在法律适用效力上的不同。从某种意义上说,这种扩大化的解释否定了"法""习惯法""一般法律原则"以及共同的法律概念之间的差别。形成这种状况的原因从表面上看,是由于我国立法技术水平不高(持广义概念的学者认为,我国现有立法不排斥广义的国际惯例概念),实际上是不同法律学者的法理念不同所致。这就为涉外司法审判实践提出了问题:当我国参加的国际条约和国内法没有规定时,我们应当适用什么标准来解决法律争议?是仅仅考虑现代商人法意义上的国际惯例,还是首先考虑有没有冲突法规范的国际惯例?要不要考虑一般法律原则与共同的法律概念?在现代商人法意义上的国际惯例与一般法律原则、共同的法律概念或法律理念之间有没有适用顺序上的差别?如何确定一般法律原则的准确内容?如何看待共同法律概念在不同国家的不同内涵?上述种种问题已经对司法实践产生影响,成为我们在修改立法时需要严肃对待的问题。

1986年通过的《民法通则》第142条第3款规定:"中华人民共和国法律和中华人民共和国缔结或者参加的国际条约没有规定的,可以适用国际惯例。"此后,在《票据法》和《海商法》中,也都采用了相似规定。主张国际惯例仅指实体法意义规范的学者认为,从最早规定可以适用国际惯例的立法《涉外经济合同法》的有关背景及司法解释表明,提出"适用国际惯例"主要是考虑到我国法律尚不完备,在我国法为合同争议准据法时可能存在"无法可依"的情况下适用。《最高人民法院关于适用〈涉外经济合同法〉若干问题的解答》中指出:"(九)在应当适用我国法律的情况下,如果我国法律对于合同当事人争议的问题未作规定的,可以适用国际惯例。"这表明,国际惯例的适用是以我国法为准据法而我国法没有规定为前提的。国际惯例的适用是经过冲突法规范指引后的准据法适用问题,是指现行的实体法而不包括冲突法和程序法。① 这代表了我国民法学界的普遍观点。但是,由于最高人民法院的解释仅是针对《涉外经济合同法》作出的,故持广义惯例说的学者认为,不能类推适用于《民法通则》和《海商法》《票据法》中的国际惯例。

主张国际惯例包括冲突规范的国际私法学观点,通常又可分为冲突规范国际惯例说和国际惯例二元说。前者认为,《民法通则》第142条第3款关于国际惯例的规定是在该法第八章"涉外民事关系法律适用"中作出的,而第八章是有关冲突规范的专门规定,由此得出结论认为,该条款所指的"国际惯例"只是指有关冲突规范的国际惯例。他们认为,事实上存在国际通行的冲突规范性质的国际惯例。虽然大部分这样的国际惯例已经被我国立法所采纳,但对于我国尚未采纳的国际惯例,在我国立法和我国缔结或参加的国际条约没有规定时,可以借助适用。主张国际惯例二元说的学者认为,我国立法中的国际惯例既包括实体规范国际惯例,也包括冲突规范的国际惯例。《民法通则》第142条第3款规定在我国法律和我国缔结或者参加的国际条约没有规定时,可以适用国际惯例。这里关于我国法律和国际条约没有限定是实体规范上的法律或条约。因此,填补空白的"国际惯例"应该包括实体规范和冲突规范两个方面。②

这两种主张立论的出发点都是对我国现有立法进行结构和语文的分析,驳论有余,而立论不足。没有举出令人信服的论据以说明在现有立法和国际条约以外,还有什么冲突规范上的国际惯例的实证。同时,这两种观点均没有考虑我国在关于国际惯例

---

① 参见陶凯元、郑创豪:《关于与国际惯例接轨的法律思考》,载《暨南学报(哲学社会科学版)》2002年第2期。

② 参见黄进主编:《国际私法》,法律出版社1999年版,第86页。

立法时的背景和立法意图。从本质上说,适用国际惯例是发生在司法过程当中,而不是在立法范畴内。由于我国社会发展变化很快,要保持法律的稳定性,立法必然存在于法律上的空白之处。规定国际惯例能补充当事人合同规定之不足以及弥补我国商业立法存在的漏洞。另外,我国正处于转轨时期,对市场经济的规则还有一个认识的过程,要保持法律的灵活性,就要吸收国外许多先进的通行做法,这样有利于接纳先进的规则。因此,规定国际惯例的目的在于弥补实体规则的欠缺,而不是丰富法律渊源的种类。

从世界各国有关法律适用的立法情况来看,直接将国际惯例的适用规定在立法中的情况极为少见。目前,可以查到的资料中,只有韩国、蒙古和越南的国际私法有关于商业惯例适用的规定。1962年《韩国国际私法》第3章"有关商法事件的若干规定"第28条规定:"商事中适用法律的顺序。对于商事的各项具体问题,如果本章无其他规定,则适用商业惯例;如果也无此类商业惯例,应适用民法。"①该条没有就商业惯例是国内还是涉外进行划分,但由于是在国际私法中进行规定,相信该商业惯例的含义与我们所谈的国际商事惯例的范围大致相同。不过,在2001年修订的《韩国国际私法》中,该条被删除了。韩国不再将国际惯例作为国际私法的渊源。

西方主要发达国家的国内商业立法比较完善,国际商业惯例的基本内容已经被纳入其国内立法之中。例如,在英国的法律体系和学科划分中,并无国内商法与国际商法之分,总体上以"Commercial Law"冠之,在其教科书中,以不同商业领域的法律问题为篇章,而不是把国内商业问题和涉外商业问题区别对待。

---

① 转引自徐冬根、单海玲、刘晓红主编:《国际公约与国际惯例(国际私法卷)》,法律出版社1998年版,第326页。

现代商人法(the Law Merchant)作为一个独立的法源被列为其商法渊源。[①] 另外,"尊重行业交易习惯和维护正常交易秩序"是西方发达国家一个重要的司法理念。在这样的法律理念下,法官审理案件时,如果法律(国内立法和国际条约)没有相反的规定或硬性的不同规定,法官就会考虑到交易习惯的问题。因此,不需要在立法上把惯例作为一个单独的问题加以规定。从某种意义上说,惯例的适用是一个商法问题,而不是一个国际私法中的法律适用问题。

首先,从上述国外立法情况来看,在国际私法立法中规定国际惯例作为法源之一的情况很少,这反映了东方商业法则不发达的状况。在西方国家,由于在纯国内案件的审理中也要尊重商业交易习惯和行规,因而对商事惯例(有的国家根本不分国内和国际)的适用是其国内法源(或者说是国内商法适用问题)问题,而不是国际私法问题,故没有在其国际私法中予以反映。至于在有关国际仲裁的立法和仲裁规则中规定适用惯例的情况却不少。这主要是考虑到各国立法情况的不同,国际交易惯例在各国的法律地位不一,也是为了仲裁庭能够直接适用(而不是在冲突规范的指引下适用)国际商事惯例的目的。

其次,虽然各国法律或仲裁立法对国际商事惯例的表述不同,但都只指向实体的惯例,而不包括冲突规范上的惯例。

再次,这种惯例不是什么抽象的原则和概念,而是有具体、明确内容的行业惯常做法或交易习惯;是平等交易者之间形成的普遍做法,而不是国家管理经济过程中形成的垂直关系的通常规则。

最后,国际惯例的适用仅存在于法律适用方面,不包括管辖权和司法协助领域。

[①] See Roy Goode, *Commercial Law*, Penguin Books Ltd., 1995, p.3.

（二）国际惯例该如何适用

从我国立法有关国际惯例的规定所处篇章看，国际惯例的适用条件应当包含以下方面：一是涉外民商事关系本应适用我国的法律，而我国法律无明文规定；二是是否适用应由裁判者根据具体案情自由裁量，而不是必须适用。因此，国际惯例的适用也被称为"补缺适用"。在1999年《合同法》实施前，国际惯例还可能由当事人通过意思自治方式协议选择适用。不过，这种选择适用不应当被视为法律的适用，而是将国际惯例视为约束其权利义务的合同条款。

我国法院在适用国际惯例审理案件时，往往会出现两种情形：一种是直接适用国际惯例。例如，1999年《最高人民法院公报》第2期公布的信用证纠纷案件即瑞士纽科货物有限责任公司与中国建设银行吉林省珲春市支行拒付信用证项下货款纠纷上诉案中，最高人民法院判决："双方当事人同意本案的信用证适用UCP500，该约定有效，故本案应以该惯例为依据调整当事人的权利义务关系。"[①]不难看出，最高人民法院以国际惯例UCP500作为确定当事人基本权利义务的依据。另一种是利用公共秩序保留原则来排除国际惯例的适用。例如，在1990年海南木材公司诉新加坡泰坦船务私人有限公司、新加坡达斌（私人）有限公司提单欺诈损害赔偿纠纷案中，广州海事法院利用公共秩序保留的规定排除了UCP500的适用。[②]

上述案例都是关于跟单信用证国际惯例适用的案例，但法院适用国际惯例的态度是截然不同的：前例适用了跟单信用证国际惯例，而后例则通过公共秩序保留制度排除了该惯例的适用。出

---

① 参见金赛波编著：《中国信用证法律和重要案例点评（2002年度）》，对外经贸大学出版社2002年版，第188页。

② 参见肖永平：《肖永平论冲突法》，武汉大学出版社2002年版，第106页。

现这种不同裁判的根本原因就在于对国际惯例的适用条件没有掌握。应该说,两个案件的裁判都存在问题。

如前所言,《民法通则》等法律规定国际惯例的目的是补充我国立法的不足。因此,国际惯例的适用前提是案件应当适用我国法律,而我国法律没有规定。在前案中,瑞士纽科货物有限责任公司与中国建设银行吉林省珲春市支行都同意适用国际商会关于信用证的 UCP500 号,并不是法院依据国际惯例裁判的理由。当事人选择的是约束它们之间的合同条款,而非法律。在后案中,法院错误地以为,国际惯例必须适用,所以动用公共秩序保留制度排除。按照立法原意,国际惯例的适用本来就是任意性的,法院不去适用即可,动用公共秩序保留制度排除是错误地理解了国际惯例的适用条件。

国际惯例通常被纳入国际贸易合同而构成合同的组成部分。在国际贸易合同实践中,大量合同的价格条款,多采用 FOB、CFR 或 CIF 等 INCOTERMS 所定义的价格术语,甚至使用了常见的国际贸易合同标准格式(或称"格式合同"或"标准合同"),如《中外货物买卖合同 FOB 条款》或《中外货物买卖合同 CFR 或 CIF 条款》等,在这种情况下,INCOTERMS 对相关价格术语的规定便成为合同条款的组成部分,对合同双方当事人产生约束力。

有时,国际贸易惯例虽未被纳入合同,但常被用作解释合同条款的工具和补充合同缺漏之依据。这也是惯例与合同密切联系的一个方面,只要合同没有明确排除某一惯例的适用,惯例就有被适用的可能。瑞士、意大利等国家均将惯例确认为解释合同的辅助工具之一;大陆法及英美法国家也都承认,未被纳入合同的贸易惯例对合同同样具有解释意义和补充作用。①

我国《民法通则》第 150 条规定："依照本章规定适用外国法律或者国际惯例的,不得违背中华人民共和国的社会公共利益。"对照国际社会的普遍实践,我国有关公共秩序立法的缺陷是明显的。② 其中一个最明显的缺陷就是借公共秩序排除国际惯例的适用。立法上的缺陷直接影响到司法实践,一些案例还给我国对外开放的司法环境造成了负面影响。其中,海南省木材公司诉新加坡泰坦船务私人有限公司及达斌(私人)有限公司海上货物运输提单欺诈损害赔偿纠纷案就是最典型的一个案例。该案的判决之所以在我国司法实务界和理论界引起了很大反响,就是因为广州海事法院以违反我国公共秩序为由,排除了《跟单信用证统一惯例》的适用。

对于我国将公共秩序保留制度指向国际惯例的立法和司法实践,包括我国国际私法学界权威学者在内的大多数学者是持否定态度的。首先,如果我们对国际惯例持狭义的理解,即仅指国际商事交易习惯的话,国际惯例的内容是不太可能与我国的公共秩序相冲突的;其次,立法本身明确规定,国际惯例的适用是"可以",而不是"应"或者"必须",因而是任意性的。

鉴于司法实践中适用公共秩序保留制度排除国际惯例适用所造成的不良影响,最高人民法院《第二次全国涉外商事海事审判工作会议纪要》中有关公共秩序的规定,不再将公共秩序保留制度指向国际商事惯例。然而,该表述并不清晰,其第 54 条规定:"适用外国法律违反中华人民共和国法律的基本原则和社会

---

① 参见沈木珠:《国际贸易合同适用国际贸易惯例的实证分析》,载《国际贸易问题》2009 年第 5 期。

② 参见李健男、吕国民:《对公共秩序保留制度的反思与展望》,载《法学评论》1996 年第 4 期。

公共利益的,该外国法律不予适用,而应适用中华人民共和国的法律。"应当通过更为清晰、效力层次更高的司法解释明确国际惯例的适用是任意性的,不宜以公共秩序保留的名义排除适用。这样才能免除国际经贸当事人的担忧,也是正确适用法律、提高涉外审判质量所应采取的措施之一。

第六章
外国判决和仲裁裁决的承认与执行

涉外司法环境不仅仅表现为涉外审判,还表现在对待外国法院判决与仲裁裁决的承认与执行方面。此处所指的"外国"判决和仲裁裁决也并不是按照政治地理的国家划分方式,而是按照国际私法专业理念,指向本"法域"以外作出的判决和仲裁裁决。因此,下文中会涉及我国区际判决和仲裁裁决的承认与执行问题。

第一节 外国民商事判决的承认与执行

由于外国法院判决的承认与执行同国家司法主权密切相关,世界各国对于承认与执行外国法院判决往往要考察外国法院是否有恰当的管辖权、判决内容是否与本国公共秩序相违背等多方面因素,因而对于缔结普遍承认外国法院判决的国际公约持谨慎态度。1971年海牙国际私法会议通过的《民商事案件外国判决的承认和执行公约》迄今为止仅得到荷兰、葡萄牙等少数几个国家批准,无法起到方便外国判决执行的作用。

在各国的实践中,承认与执行外国法院判决通常依据国内法中规定的互惠原则或对外签订的司法协助条约开展。当前,我国各级法院每年承办的司法协助案件超过3000件,[①]承认与执行外国民商事判决是司法协助案件的重要组成部分。我国对外国民商事判决承认与执行的法律规定主要见于《民事诉讼法》第二十七章和《最高人民法院关于适用〈中华人民共和国民事诉讼法〉的

---

① 参见《全国法院年办司法协助案超3000件》,http://legal.people.com.cn/n1/2016/0527/c42510-28383887.html,访问日期:2016年8月17日。

解释》第二十二部分。《民事诉讼法》确认我国法院承认与执行外国法院判决的依据是国际条约与互惠关系。2015年通过的《最高人民法院关于适用〈中华人民共和国民事诉讼法〉的解释》明确规定,除离婚判决外,对于其他类型外国法院判决的承认与执行均要求存在条约基础或互惠关系。

一、互惠原则的适用现状

互惠原则作为涉外判决承认与执行的前提条件,受传统的国家主权观念影响较大,有政治色彩过重之嫌,长期受到学界的批判。① 但同时,也有一些国家开始关注跨国判决承认与执行背后带来的国家利益平衡问题,重视对互惠原则的运用。② 我国有关互惠原则的规定见于《民事诉讼法》第280③、281条④。此外,对于离婚案件,《最高人民法院关于中国公民申请承认外国法院离婚判决程序问题的规定》作出了特别规定,排除了互惠原则缺失条件下不予承认的情形,而这一原则也为2015年发布的《民事诉讼法》司法解释所确认。再有,《企业破产法》第5条针对在外国作出的破产判决、裁定能否在我国取得效力的事宜,也规定了需

---

① 参见杜涛:《互惠原则与外国法院判决的承认与执行》,载《环球法律评论》2007年第1期。

② 参见徐崇利:《经济全球化与外国判决承认和执行的互惠原则》,载《厦门大学法律评论》2005年第1期。

③ 第280条规定:"人民法院作出的发生法律效力的判决、裁定,如果被执行人或者其财产不在中华人民共和国领域内,当事人请求执行的,可以由当事人直接向有管辖权的外国法院申请承认和执行,也可以由人民法院依照中华人民共和国缔结或者参加的国际条约的规定,或者按照互惠原则,请求外国法院承认和执行。"

④ 第281条规定:"外国法院作出的发生法律效力的判决、裁定,需要中华人民共和国人民法院承认和执行的,可以由当事人直接向中华人民共和国有管辖权的中级人民法院申请承认和执行,也可以由外国法院依照该国与中华人民共和国缔结或者参加的国际条约的规定,或者按照互惠原则,请求人民法院承认和执行。"

要以国家间存在互惠关系作为前提。①

过去,由于我国与其他国家之间民事司法互助条约较少,司法实践多按照法律和司法解释确定的方式适用互惠原则确定是否承认与执行外国的民商事判决。例如,1995年,日本公民五味晃向大连市中级人民法院申请承认和执行日本国横滨地方法院小田原分院具有债权债务内容的判决和熊本地方法院玉名分院所作债权扣押命令及债权转让命令。最高人民法院在1995年《最高人民法院关于我国人民法院应否承认和执行日本国法院具有债权债务内容裁判的复函》中认定,我国和日本之间未存在有关条约,亦无互惠关系。据此,大连市中级人民法院驳回了该申请。

又如,《最高人民法院关于申请人弗拉西动力发动机有限公司申请承认和执行澳大利亚法院判决一案的请示的复函》认定我国与澳大利亚之间不存在条约或互惠关系,批复广东省高级人民法院驳回弗拉西动力发动机有限公司承认澳大利亚法院判决的请求。可以看出,实践中,我国法院对互惠原则的审查标准是事实上的互惠,即要求相关国家存在承认我国法院判决的事实。

对于涉外离婚判决,为了方便当事人解除婚姻关系,避免跛脚婚姻的现象,我国立法没有要求互惠。例如,河南省开封市中级人民法院在2010年对澳大利亚法院作出的(P)SYC1518/2010号离婚令的法律效力予以承认。② 再如,辽宁省大连市中级人民法院于2015年依据申请人柳某某的申请对日本高等裁判所2007

---

① 《企业破产法》第5条规定:"对外国法院作出的发生法律效力的破产案件的判决、裁定,涉及债务人在中华人民共和国领域内的财产,申请或者请求人民法院承认和执行的,人民法院依照中华人民共和国缔结或者参加的国际条约,或者按照互惠原则进行审查,认为不违反中华人民共和国法律的基本原则,不损害国家主权、安全和社会公共利益,不损害中华人民共和国领域内债权人的合法权益的,裁定承认和执行。"

② 参见(2010)汴民初字第125号民事裁定书。

年(ネ)第 3270 号离婚和解调解书的法律效力予以承认。①

实践中,大多数国家对互惠原则的适用采取的是实存互惠制,即要求证明外国已经有承认与执行内国判决的实例,否则就视为不存在。② 在这种标准下,各国在互惠原则的具体适用上极易陷入博弈论下的"囚徒困境"之中。表现为在涉外判决相互的承认与执行上,尤其是判决的拒绝上,各国具有重要的国家利益,从而导致各国在博弈中选择了"背弃"。③ 我国在实践中除离婚判决外,亦采用的是实存互惠制,并曾经据此拒绝过日本、澳大利亚、韩国④、马来西亚⑤等国家法院判决的承认与执行请求。

从司法实践看,我国在互惠原则的理解与运用上还存在一定认识上的误区。如前所述,我国法院在五味晃案中曾以不存在互惠关系为由拒绝承认与执行日本法院的有关判决,而日本大阪法院 2003 年则以该案为由,认定中日之间不存在互惠关系,从而拒绝承认我国法院的一个判决。⑥ 中日这种互不承认判决的实践现状,正是博弈论下的双输局面。事实上,由于实存互惠制的存在,我国法院往往是被动地等待他国率先承认我国判决再给予相关互惠,但总是被动地等待他国给予互惠是不明智的。各国采用互惠原则本身就是基于一定的政治考量,政治交往中不可能期望所有国家主动施惠。过分纠结于主权因素、被动地等待导致陷入"囚徒困境",最终损害的是本国当事人的利益。主动出击,积极

---

① 参见(2015)大民一特字第 7 号民事裁定书。
② 参见王吉文:《互惠原则在判决承认与执行上的缺陷》,载《云南大学学报(法学版)》2008 年第 3 期。
③ 有关分析参见徐崇利:《经济全球化与外国判决承认和执行的互惠原则》,载《厦门大学法律评论》2005 年第 1 期。
④ 参见(2015)沈中民四特字第 2 号民事裁定书。
⑤ 参见(2014)宁民认字第 13 号民事裁定书。
⑥ 参见杜涛:《走出囚徒困境:中日韩民事判决相互承认制度的建构——以构建东亚共同体为背景的考察》,载《太平洋学报》2011 年第 19 期。

地促成有关互惠的达成,不仅有利于中外当事人的利益,对于国家形象的营造也很有帮助。

虽说互惠原则的适用有一定的政治考量,但其作为判决承认与执行中重要的制度,一方面应能保障国家主权和国家利益,并更好地保护当事人的利益;另一方面,判决承认与执行属于区际司法协助的大范畴,互惠原则也应当起到更好地促进国家间合作的作用。遗憾的是,互惠原则在我国的立法和司法实践现状并非如此。立法方面,我国民事诉讼法中对互惠原则的有关规定仅是原则性的规定,缺乏具体操作上的适用标准。这使得法院在司法实践中既缺乏原则上的指引,也缺乏操作标准上的规制,自由裁量的范围未免过大。同时,法院的关注点更多时候在于"报复"而非"互惠",持的是一种防范之心。① 法院认为,只要两国之间不存在条约关系和互惠的实践,便不具有互惠关系。这往往导致外国判决事实上很难在我国得到执行,而基于互惠关系,也会导致我国判决在其他国家承认和执行上的困难。

我国现行立法并未具体规定互惠原则审查的标准,加大了司法实践的操作难度。为了便利于司法实践,在立法上应当将实存互惠制作为一个标准确立下来,使得司法工作人员在实践中有明确的法律依据可以依循。另外,应当对实质互惠作出具体的阐释。实质互惠要求条件对等,如果外国的要求宽松,亦可对该国的判决要求条件适当放宽。只有在内国的类似判决在外国被拒绝的情况下,内国法院方可拒绝外国判决。② 这种审查标准能够更好地确立法官自由裁量的界限,也可以避免法院在操作时对"报复"的过分关注。在这种标准下,可能会产生有关相反证明的

---

① 参见王吉文:《论我国对外国判决承认与执行的互惠原则——以利益衡量方法为工具》,载《法学家》2012年第1期。
② 同上。

举证责任由谁分配的问题。举证责任若不明确,一来对法院自由裁量的限制便无从谈起,二来也可能因为举证的不充分造成对国家主权的损害。因此,举证责任的承担需要通过立法加以确认。例如,罗马尼亚1992年《国际私法》第1章第6条便规定,"如果要求存在互惠,应推定其存在,除非有相反证明,证明由司法部与外交部协商查明"。

面对互惠原则实践中的"囚徒困境",若各国都指望着其他国家主动踏出第一步,那么在条约缺位的情形下便永远不会存在承认与执行外国判决的具体实践。在一定条件下,主动地迈出第一步,换取有关国家的跟进,是推动建立良好合作的司法协助关系的重要方法。

在这方面,德国法院的做法对我国有重要的借鉴意义。在柏林高等法院承认无锡中院判决一例[①]中,柏林高等法院首开中、德两国无条约的情况下基于互惠原则承认我国法院民商事判决之先河。该案判词表述道:"如果双方都等待对方先迈出一步,自己再跟进给予对方互惠的话,事实上永远不可能发生相互间的互惠,互惠原则也只能是空谈而已,这种情况并不是立法者和执法者所希望的。为了在没有签订国际条约的情况下不阻止相互承认法院判决的向前发展,要考虑的是,如果一方先走出一步,另一方会不会跟进。按现在国际经贸不断发展的情况,中国有可能是会跟进的。"正是基于这种观念,柏林高等法院在我国有过不承认德国法院判决的先例的情形下,[②]仍然率先承认了我国法院的判决。

我国法院大可借鉴德国法院的做法,突破旧有观念的桎梏,

---

① 有关具体内容参见马琳:《析德国法院承认中国法院民商事判决第一案》,载《法商研究》2007年第4期。
② 参见顾国增:《涉外民事管辖权的正确认定》,http://bj2zy.chinacourt.org/public/detail.php? id=107,访问日期:2016年8月20日。

主动走出第一步,在认定其他国家有可能跟进的情况下承认其他国家的民商事判决。主动积极地启动互惠关系不仅有利于良好国际形象的建立,还能够更好地保障本国公民的私人利益。2015年7月《最高人民法院关于人民法院为"一带一路"建设提供司法服务和保障的若干意见》中提及,在存在国际合作交流意向或对方给予承诺等条件下,可以考虑先行给予当事人司法协助,积极促成互惠关系,积极倡导并逐步扩大司法协助范围。这种思维上的转变是令人鼓舞的,但还需要各级法院通过实践将其落在实处。

二、公共秩序保留

我国在外国法院判决承认与执行领域有关公共秩序保留的有关立法,主要是《民事诉讼法》第282条[①]。该条文提及的公共秩序的内涵包括中华人民共和国法律的基本原则以及国家主权、安全、社会公共利益。

我国法院在实践中,往往将"是否侵犯我国公共秩序"作为审查是否承认和执行涉案判决的因素之一。学界普遍认为,我国法院对于公共秩序保留最初的实践是1957年《最高人民法院关于波兰法院对双方都居住在波兰的中国侨民的离婚判决在中国是否有法律效力问题的复函》,该复函指出:"波兰法院对双方都居住在波兰的中国公民间的离婚案件所作的判决,如果在实体上和程序上与中华人民共和国婚姻法都没有抵触的时候,我们承认这种判决对双方当事人在法律上有拘束力。"复函中虽然没有明确

---

① 第282条规定:"人民法院对申请或者请求承认和执行的外国法院作出的发生法律效力的判决、裁定,依照中华人民共和国缔结或者参加的国际条约,或者按照互惠原则进行审查后,认为不违反中华人民共和国法律的基本原则或者国家主权、安全、社会公共利益的,裁定承认其效力,需要执行的,发出执行令,依照本法的有关规定执行。违反中华人民共和国法律的基本原则或者国家主权、安全、社会公共利益的,不予承认和执行。"

提到公共秩序保留,但以是否抵触国内法的规定作为承认外国法院判决的依据就是在行使公共秩序保留制度。①

此后在1981年《最高人民法院关于旅荷华侨离婚问题的复函》中,最高人民法院又重申了这一观点:"旅荷华侨夫妇经荷兰法院判决离婚的,如不违反我国婚姻法的基本原则,可承认这种判决对双方当事人在法律上有拘束力"。1984年《最高人民法院关于旅居外国的中国公民按居住国法律允许的方式达成的分居协议,我驻外使领馆是否承认问题的函》也遵循了这一思路,最高人民法院不承认旅居阿根廷的中国公民依据阿根廷法律达成的长期分居协议,认为该协议不符合我国法律规定,我国法院无法承认与执行,其实质是援引了公共秩序保留拒绝了外国法院判决的承认与执行。

长期以来,我国司法实践部门对公共秩序的内涵在理解上存在误区。即不能区分我国一般立法规定与立法中的原则、强制性规定,从而造成适用公共秩序保留制度过严的现象。公共秩序保留在适用标准上有主观说与客观说之分。其中,仅因外国法的内容与内国的公共秩序相矛盾便排除外国法的适用是主观说的做法。客观说是指不能仅因外国法的内容与内国的公共秩序相矛盾便不适用外国法,而只有在外国法的适用会真正损害到内国的公共利益时,才能运用公共秩序保留排除外国法的适用。从便利于各国人民民商事交往,尽量使外国民商事判决得到承认与执行的角度出发,目前,大多数国家认同并采用客观说。②

在我国现行立法中,公共秩序保留的适用标准并不统一,两种标准并行。《民事诉讼法》第282条的规定,即"违反中华人民

---

① 参见胡振杰、李双元:《从我国法院的几个案例谈国际私法上公共秩序保留制度的正确运用》,载《政法论坛》1992年第5期。

② 参见李健男、吕国民:《对公共秩序保留制度的反思与展望》,载《法学评论》1996年第4期。

共和国法律的基本原则或者国家主权、安全、社会公共利益的,不予承认和执行",采用的是主观说。前述的三个最高人民法院复函,在适用标准上也采用了主观说。《民法通则》规定,"依照本章规定适用外国法律或者国际惯例的,不得违背中华人民共和国的社会公共利益",明显着重于"适用"二字,采用的似是客观说。《涉外民事关系法律适用法》第5条规定,"外国法律的适用将损害中华人民共和国社会公共利益的,适用中华人民共和国法律",也采用的是客观说。

通过上述立法表述,可以发现,在法律适用领域我国规定的是客观说,而判决承认与执行领域则采用的是更为严格的主观说。公共秩序保留在法律适用、判决承认与执行领域的适用上并没有差别,都是维护本国道德、法律基本原则和社会重大、根本利益的最后手段,对两者作出区分并无意义,反倒形成一种立法上的矛盾和不统一,颇为不合理,在具体适用上也容易造成混乱。在我国现行有关公共秩序保留的立法中,主观说和客观说两种适用标准并存的立法现状无疑是不合理的,应当通过立法的修订统一法律适用、判决承认与执行领域公共秩序保留的适用,明确以客观说作为适用公共秩序保留的标准,这也是当今世界各国立法和实践中的普遍做法。

如果采用主观说作为统一适用标准则并不合理,外国法内容本身或是判决本身与内国公共秩序抵触并不意味着其适用或对判决的承认会造成对内国公共秩序的损害,且这种过于宽松的适用标准反倒可能导致公共秩序保留的滥用。单独在判决承认与执行领域采用主观说也难以令人信服。若判决的承认与执行并不会损害我国公共秩序,并无必要因判决部分内容的不可取而拒绝判决取得在我国的效力。例如,一对外国同性伴侣过世后,针对其在我国境内的财产继承问题存在的判决,若仅因被继承人的同性婚姻违反我国基本法律原则而拒绝对该判决承认与执行,难以令人信服。该判决中的同性关系仅仅是判决的先决问题,法院大可根据具体情况对主要问题的裁决予以承认和协助执行。① 只有在法律适用、判决承认与执行领域统一以客观说作为标准,才能合理地解决公共秩序适用的问题,也只有统一的标准才能给予司法工作者原则上清晰的指导,操作上准确的依据。

现行《民事诉讼法》将公共秩序概括为"中华人民共和国法律的基本原则或者国家主权、安全、社会公共利益",对公共秩序的含义有了较为清晰的概括。但现行立法并未对启动公共秩序保留的条件作进一步的阐释,即条文并未说明违反公共秩序要达到何种程度方能启动公共秩序保留对外国法院判决予以排除,对于法官在实践中把握启动的时机造成了一定的困难。参照各国实践,应当规定,只有当外国法的适用将明显违反我国公共秩序时,才可以启动公共秩序保留。另外,应当考虑建立公共秩序保留的监督机制。公共秩序保留在具体运用上,要求法官对涉案判决和立法现实有相对准确地把握,对法官自身素质要求相对较高。若法官素质不高,在自由裁量上的把握稍欠,可能导致对公共秩序保留的不当适用,并不利于我国法院形象的塑造。可以要求适用公共秩序保留后报高级法院或最高人民法院批准,以建立起相应的监督机制,给予当事人一定的程序救济,从而完善公共秩序保留的适用。

三、正当程序的审核

我国《民事诉讼法》与《最高人民法院关于适用〈中华人民共和国民事诉讼法〉的解释》对外国法院判决承认的条件规定仅限

---

① 参见袁发强:《同性婚姻与我国区际私法中的公共秩序保留》,载《河北法学》2007年第3期。

于是生效判决、存在国际条约或互惠关系、不违反我国公共秩序这三项,还缺乏对外国法院判决的正当程序审核。

在承认和执行外国法院判决的问题上,各国立法和有关国际条约基本上都规定了诉讼程序公正这一条件,以保护败诉方当事人的合法权益。然而,我国民事诉讼法却没有规定此条件,只有在1991年《最高人民法院关于中国公民申请承认外国法院离婚判决程序问题的规定》中作了类似的规定,包括"当事人必须得到合法传唤"和"当事人在没有诉讼行为能力的情况下必须得到适当代理"。不过,它只适用于对涉外离婚判决的承认,适用范围是有限的。[①]

其实,1991年《最高人民法院关于中国公民申请承认外国法院离婚判决程序问题的规定》是相当科学的,与国际社会在承认与执行外国法院判决上所采取的条件基本相当。该规定第12条以否定的表述形式对外国法院判决的承认设定了条件:

第十二条 经审查,外国法院的离婚判决具有下列情形之一的,不予承认:

(一)判决尚未发生法律效力;

(二)作出判决的外国法院对案件没有管辖权;

(三)判决是在被告缺席且未得到合法传唤情况下作出的;

(四)该当事人之间的离婚案件,我国法院正在审理或已作出判决,或者第三国法院对该当事人之间作出的离婚案件判决已为我国法院所承认;

(五)判决违反我国法律的基本原则或者危害我国国家主权、安全和社会公共利益。

---

① 参见党小芳:《论我国承认与执行外国法院判决条件的缺陷及完善》,载《特区经济》2014年第3期。

对于程序公正性这一条件我国法律还没有作出相关的规定，这既不利于对于当事人合法权益的保护，也与国际做法不符。1971年海牙《民商事案件外国判决的承认和执行公约》第5条规定，如果"判决是经与请求国所要求的正当法律程序不相容的程序作出的，或者是在未予任何一方当事人充分机会陈述其意见的情况下作出的"，可以拒绝承认或执行判决。第6条规定："缺席判决只有起诉通知书已依照请求国的法律送达缺席方，使该方有足够时间提出辩护时，才能被承认应宣布为有执行力的"。2005年海牙《选择法院协议公约》明确规定，当被告没有获得恰当的送达，从而不能行使其享有的诉讼权利时，该判决其他缔约国可以不予承认。

2015年《最高人民法院关于适用〈中华人民共和国民事诉讼法〉的解释》明确规定，此前有关民事诉讼法的司法解释如果与本解释不一致的，不再适用。① 目前尚不清楚1991年《最高人民法院关于中国公民申请承认外国法院离婚判决程序问题的规定》是否仍然在外国法院离婚判决的承认中继续适用。同时，单单只在外国法院离婚判决中设定正当程序条件，而对于其他民商事判决则不要求的现象是令人费解的。这样既不利于保护我国被执行人的权利，也容易导致法院动用公共秩序保留制度。

因此，首先，最高人民法院应通过补充民事诉讼法的司法解释，将正当程序的审核纳入外国法院判决的承认与执行条件中；其次，还应在司法解释之中对程序公正性条件的审查标准作出具体规定，重点审查败诉方当事人是否得到合法传唤，是否在法庭上充分地陈述了自己的诉讼主张和行使辩护权，以及是否在没有诉讼行为能力时得到了适当的代理。如果双方当事人的诉讼权利没有

---

① 2015年《最高人民法院关于适用〈中华人民共和国民事诉讼法〉的解释》第552条规定："本解释公布施行后，最高人民法院于1992年7月14日发布的《关于适用〈中华人民共和国民事诉讼法〉若干问题的意见》同时废止；最高人民法院以前发布的司法解释与本解释不一致的，不再适用。"

得到合法保障,除非是因为当事人自身的过错,我国法院将不予承认该判决。

第二节 外国仲裁裁决的承认与执行

在国际民商事交往中,仲裁是常见的解决纠纷方式,由此产生的外国仲裁裁决承认与执行案件也是涉外司法实践中常见的案件。我国外国仲裁裁决承认与执行的法律渊源包括国际法渊源和国内法渊源。前者主要指《关于承认及执行外国仲裁裁决公约》(以下简称《纽约公约》)以及我国同其他国家签订的双边司法协助条约[①],后者主要包括《民事诉讼法》及其司法解释以及最高人民法院发布的其他司法解释。[②]

一、外国仲裁裁决承认与执行中的审查范围

(一)我国有关外国裁决承认与执行审查范围的实践现状

我国是《纽约公约》的缔约国。在加入公约时,我国作出了互惠保留和商事保留,[③]即我国只在互惠的基础上承认该公约,我国仅对依照我国法律属于契约性或非契约性的商事争议适用该公约。《民事诉讼法》第283条[④]赋予了《纽约公约》在我国直接适用的效力,而对于非《纽约公约》缔约国作出的仲裁裁决的承认与执行事项,亦可依据我国与该国签订的有关条约或互惠原则进行

---

① 如《中华人民共和国和法兰西共和国关于民事、商事司法协助的协定》。
② 如《最高人民法院关于承认和执行外国仲裁裁决收费及审查期限问题的规定》《最高人民法院关于人民法院处理与涉外仲裁及外国仲裁事项有关问题的通知》等。
③ 参见《最高人民法院关于执行我国加入的〈承认及执行外国仲裁裁决公约〉的通知》。
④ 《民事诉讼法》第283条规定:"国外仲裁机构的裁决,需要中华人民共和国人民法院承认和执行的,应当由当事人直接向被执行人住所地或者其财产所在地的中级人民法院申请,人民法院应当依照中华人民共和国缔结或者参加的国际条约,或者按照互惠原则办理。"

办理。

依据《纽约公约》第5条,被申请人申请法院拒绝承认和执行裁决的理由包括:仲裁协议不成立或无效;违反正当程序;仲裁庭超裁;仲裁庭的组成或仲裁程序不当;裁决不具有约束力或已被撤销,停止执行。此外,第5条还规定了法院进行主动审查并拒绝承认和执行的理由,包括仲裁争议事项依据法院地国法律不具有可仲裁性,以及承认与执行该仲裁裁决有违法院地国公共秩序。可见,从审核条件上看,我国法院对申请人提交的外国仲裁裁决主动审查的范围包括仲裁事项的可仲裁性和公共秩序问题,而其他事项只能在被申请人提交证据证明的情形下作被动审查。无论是主动审查还是被动审查,审查的内容都只涉及程序问题而不包括实体问题。同时,最高人民法院通过发布《最高人民法院关于人民法院处理与涉外仲裁及外国仲裁事项有关问题的通知》,建立了拒绝承认和执行外国仲裁裁决的内部报告制度,人民法院拒绝承认与执行外国仲裁须逐级上报最高人民法院审查决定。

《最高人民法院关于适用〈中华人民共和国民事诉讼法〉的解释》第545条规定:"对临时仲裁庭在中华人民共和国领域外作出的仲裁裁决,一方当事人向人民法院申请承认和执行的,人民法院应当依照民事诉讼法第二百八十三条规定处理"。司法解释明确将外国临时仲裁裁决也纳入了承认与执行的范畴之内。

我国法院在具体实践中,对外国仲裁裁决的审查较外国法院判决宽松,这也与《纽约公约》"有利于执行"的公约理念有关。据统计,自2000年至2011年9月,下级法院就适用《纽约公约》拟不予承认和执行外国仲裁裁决请示最高人民法院审查的案件共56件。经最高人民法院审查,确定不予承认和执行仲裁裁决的案件共21件,其中仲裁协议不成立或无效的8件;当事人未获指派仲裁员或仲裁程序之适当通知、仲裁程序违反当事人约定或仲裁地法律的 9 件；因部分超裁而被部分拒绝承认和执行的 2 件；仲裁事项依据我国法律不具有可仲裁性的 1 件；因违反公共政策被不予承认和执行的 1 件。此外，还有 3 件案件因超过申请执行期限等原因驳回了当事人的申请。①

（二）我国有关外国裁决承认与执行审查范围的实践中存在的问题

1. 内部报告制度存在瑕疵

最高人民法院通过《最高人民法院关于人民法院处理与涉外仲裁及外国仲裁事项有关问题的通知》确立了拒绝承认与执行外国裁决的内部报告制度。从前述数据可以看出，经最高人民法院审查后确定不予承认和执行仲裁裁决的案件数量还不到请示案件数量的一半，应当说内部报告制度在遏制地方法院的地方保护方面还是起到了一定的效果。

不过，内部报告制度本身仍存在着瑕疵。一方面，作为承认与执行外国裁决制度体系的重要组成部分，内部报告只是以最高人民法院"通知"的形式确立，其更像是最高人民法院的内部制度。实施中，最高人民法院也仅发布部分案件的复函，亦无有关数据的统计，各法院对内部制度的实际执行情况进行把握并不容易。另一方面，内部报告制度的出发点似乎着眼于对当事人利益的保护，由最高人民法院来进行最后的把关，但在整个内部报告机制运行的过程当中，当事人却无法进行相关内容的陈述，也无法在事后获得救济，而只是作为一个等待结果的旁观者。诚然，这种做法可能考虑到效率的相关因素，但这并不利于当事人权利的真正实现，还需要后续立法进行完善。

---

① 参见刘贵祥、沈红雨：《我国承认和执行外国仲裁裁决的司法实践述评》，载《北京仲裁》2012 年第 1 期。

2. 可仲裁事项立法和司法的混乱

依据《纽约公约》，法院对申请人提交的外国仲裁裁决主动审查的范围包括仲裁事项的可仲裁性，而仲裁事项是否具有可仲裁性完全依法院地国法认定。我国对于仲裁事项可仲裁性的规定见于《仲裁法》第3条。① 此外，我国在加入《纽约公约》时提出了商事保留，仅对按照我国法律属于契约性和非契约性商事法律关系所引起的争议适用该公约，并对所谓"契约性和非契约性商事法律关系"进行了具体的界定。② 应该说，就立法条文上而言，我国对可仲裁事项的规定较为宽泛，限制相对较小，这也符合国际上将可仲裁事项范围扩大化的立法趋势。然而，在加入《纽约公约》后，《最高人民法院公报》却刊登了上海市高级人民法院对中国技术进出口总公司诉瑞士工业资源公司侵权损害赔偿纠纷上诉案的二审判决，③确立了合同侵权在我国属于不可仲裁事项，似有违反《纽约公约》有关义务之嫌。此外，《仲裁法》和《最高人民法院关于执行我国加入的〈承认及执行外国仲裁裁决公约〉的通知》确立的仲裁事项范围与我国有关法律的规定也并不相衔接，专利侵权、商标侵权、竞争法方面的争议并不能通过仲裁方式解

---

① 第3条规定："下列纠纷不能仲裁：（一）婚姻、收养、监护、扶养、继承纠纷；（二）依法应当由行政机关处理的行政争议。"

② 《最高人民法院关于执行我国加入的〈承认及执行外国仲裁裁决公约〉的通知》第2条规定："根据我国加入该公约时所作的商事保留声明，我国仅对按照我国法律属于契约性和非契约性商事法律关系所引起的争议适用该公约。所谓'契约性和非契约性商事法律关系'，具体的是指由于合同、侵权或者根据有关法律规定而产生的经济上的权利义务关系，例如货物买卖、财产租赁、工程承包、加工承揽、技术转让、合资经营、合作经营、勘探开发自然资源、保险、信贷、劳务、代理、咨询服务和海上、民用航空、铁路、公路的客货运输以及产品责任、环境污染、海上事故和所有权争议等，但不包括外国投资者与东道国政府之间的争端。"

③ 参见《最高人民法院公报》1989年第1期。另参见马德才：《论国际商事仲裁中争议事项的可仲裁性问题》，载《江西财经大学学报》2000年第3期。

决。① 这种立法和司法实践上的不一致容易造成法官具体操作上的困难,与可仲裁事项立法的国际潮流也不相契合。

3. 公共秩序保留适用的模糊

不同于外国法院判决的承认与执行,我国现行立法中并无针对外国仲裁裁决承认与执行适用公共秩序保留的有关条款,实践中只能援引《民事诉讼法》第 283 条,适用《纽约公约》第 5 条处理涉及公共秩序的外国仲裁裁决承认与执行案件。《纽约公约》第 5 条的确将公共秩序保留作为法院拒绝承认与执行外国仲裁裁决的理由,但仅表述为:"承认或执行该项裁决将和这个国家的公共秩序相抵触"。由于各国在公共秩序方面差异非常大,这种模糊的表述也体现了公约对各国公共秩序的尊重。晚近以来,各国运用公共秩序保留时,倾向于将公共秩序的内容具体化。② 但我国立法并未对在仲裁裁决承认与执行时如何运用公共秩序作出明确说明,对公共秩序的做法只能从法院有关裁判中寻觅。但事实上,在确定一个国际商事仲裁裁决所涉及的法律问题是否违反我国的公共政策时,最高人民法院的有关复函通常会迅速得出相关结论,③缺乏推理和具体理由的解释。这无形中也增加了法院在实践中操作的难度。

2008 年,济南中院审结一起拒绝外国当事人申请承认国际商会(International Chamber of Commerce,ICC)国际仲裁院仲裁庭就永宁公司案作出的裁决(简称"ICC 裁决")。这是我国司法实践中第一起以违反我国公共秩序为由拒绝承认外国仲裁裁决

---

① 有关规定包括《专利法》第 41—42 条,《商标法》第 27、39 条,《商标法实施细则》第 42 条,《反不正当竞争法》第 16 条。参见黄进、马德才:《国际商事争议可仲裁范围的扩展趋势之探析——兼评我国有关规定》,载《法学评论》2007 年第 3 期。

② 参见陈治东、沈伟:《国际商事仲裁裁决承认与执行的国际化趋势》,载《中国法学》1998 年第 2 期。

③ 参见何其生:《国际商事仲裁司法审查中的公共政策》,载《中国社会科学》2014 年第 7 期。

的案件。① 该案中,仲裁庭认为我国法院针对永宁公司的申请作出的财产保全裁定是造成合资公司停止运营的最直接原因,而永宁公司提起的土地租赁纠纷诉讼违反了合同中的仲裁条款,从而判令永宁公司承担赔偿责任并承担仲裁费用。最高人民法院在批复中认定,国际商会国际仲裁院对土地的租赁合同纠纷进行审理并裁决,侵犯了我国的司法主权和我国法院的司法管辖权,同意不予承认和执行该裁决。② 此外,最高人民法院曾在《关于ED&F曼氏(香港)有限公司申请承认和执行伦敦糖业协会仲裁裁决案的复函》中指出,违反我国法律的强制性规定不能完全等同于违反我国的公共政策。③ 而在《关于 GRD Minproc 有限公司申请承认并执行瑞典斯德哥尔摩商会仲裁院仲裁裁决一案的请示的复函》中,最高院认为,不能以仲裁实体结果是否公平合理作为认定承认和执行仲裁裁决是否违反我国公共政策的标准。

事实上,我国法院在审理中不乏以公共秩序保留为理由拒绝承认与执行外国仲裁裁决的案例,④但最终由最高人民法院同意的仅永宁公司案一例,并且从最高人民法院复函所体现的精神来看,我国在外国仲裁裁决的承认与执行方面,对公共秩序的审查标准也是较为宽松的,这也与《纽约公约》"有利于执行"的理念相一致。但是,由于立法上并未就公共秩序的范围进行限定,也没有对公共秩序保留的适用标准、程序等作出规定,法院在处理时

---

① 相关案情及其分析参见赵秀文:《从永宁公司案看公共政策作为我国法院拒绝执行外国仲裁裁决的理由》,载《法学家》2009 年第 4 期。

② 参见《最高人民法院关于不予承认和执行国际商会仲裁院仲裁裁决的请示的复函》。

③ 至于对于行政法规和部门规章中强制性规定的违反,自然也不当然构成对我国公共政策的违反。参见《最高人民法院关于对海口中院不予承认和执行瑞典斯德哥尔摩商会仲裁院仲裁裁决请示的复函》。

④ 参见杨玲:《国际商事仲裁公共政策司法界定的实践与发展》,载《政治与法律》2010 年第 11 期。

难以把握。此外,上报的案件中仅有一例经最高人民法院同意以公共秩序为由拒绝承认与执行外国仲裁裁决,并不能完全归因于法院的地方保护,一定程度上也说明了立法的缺漏导致我国法院在适用公共秩序保留时并不准确,这都需要通过立法加以强化。

(三) 对我国有关外国仲裁裁决承认与执行审查范围实践的改进建议

1. 修改并完善内部报告制度

内部报告制度作为外国仲裁裁决承认与执行中最高人民法院对各地方法院的监督制度,起到了一定的效果,但若要更好地发挥作用,仍需要以法律的形式将内部报告制度确立下来。在确立的同时,针对现行内部报告制度的问题,应当作出一定的修改。一方面,应当立法明确审理法院上报的材料范围,最高人民法院审查的内容、审查的期限、审查结果的发布方式;另一方面,应该给予当事人一定的救济,允许当事人申请陈述或提交书面答辩,并规定最高人民法院同意拒绝承认与执行后,当事人有新证据,满足审判监督程序的要求时,可以申请最高人民法院提起审判监督程序。

2. 调整有关法规,扩大可仲裁事项范围

我国《仲裁法》和《最高人民法院关于执行我国加入的〈承认及执行外国仲裁裁决公约〉的通知》对哪些商事争议在我国属于可仲裁事项作出了较为具体的规定。可以通过立法的形式,废除现行法中与《仲裁法》和上述通知规定相抵触的条文。同时,仿效通知的条文形式对可仲裁事项的范围予以确认,将合同侵权、知识产权合同争议、知识产权侵权争议、不正当竞争行为损害赔偿等明确纳入可仲裁事项的范围。可仲裁事项的扩大化符合国际潮流,立法修改也能使法院有法可依,方便法院对可仲裁事项的判断。

3. 完善外国仲裁裁决承认与执行中的公共秩序保留制度

公共秩序保留在实践中是一个弹性极大的制度,法官往往有极大的自由裁量空间,容易造成滥用,给人以我国执行《纽约公约》诚意不足的印象,对我国法院公信力和当事人权益的保护都有不良影响,因此需要通过细致的司法解释限定其适用范围,指引法官实践。

应当明确客观说作为公共秩序保留的适用标准,且对公共秩序的违反必须达到明显违反的程度。在司法实践中,各级法院尤其是最高人民法院,在适用公共秩序保留时,应当重视说理部分,不能仅抛出结论而在文书中不体现推理过程。详尽的说理一方面便于当事人和其他缔约国了解我国法院的相关立场,提高司法的透明度;另一方面也有利于法院在司法实践中学习和借鉴,进一步完善我国公共秩序保留的有关实践。

二、外国仲裁裁决执行中的技术性问题

(一)外国仲裁裁决执行中的技术性问题的实践现状

《纽约公约》作为我国承认与执行外国仲裁裁决的主要国际法渊源,并未对外国仲裁裁决执行中的技术性问题作出规定,而是将有关问题完全交由各缔约国国内法来支配。有关外国仲裁裁决执行中技术性问题的立法,在我国主要见于《民事诉讼法》及其司法解释。

《民事诉讼法》第283条规定了申请承认和执行外国仲裁裁决的管辖法院为被执行人住所地或其财产所在地的中级人民法院。但对于具体执行中的其他技术性问题并未作规定。2015年的《民事诉讼法》司法解释改变了这种立法缺失的状况,用数个条文对这些问题作出了规定。其中,第546条规定申请执行前须先申请承认,执行时参照《民事诉讼法》第三编"执行程序"的有关规

定进行执行;第 547 条是有关申请执行期间的规定;第 548 条则规定了人民法院对仲裁裁决进行审查的具体程序。此外,还存在最高人民法院的其他司法解释作为处理外国仲裁裁决执行中技术性问题的法律渊源。如《最高人民法院关于承认和执行外国仲裁裁决收费及审查期限问题的规定》,规定了法院对外国裁决审查的期限为 2 个月,承认后执行的期限为 6 个月。

观察我国外国仲裁裁决承认与执行方面的立法可以发现,我国该领域立法状况虽然在不断改善,但仍缺乏宏观上统一的立法规划,也没有大方向上的法律原则指引,立法条文散见于各种法律文本中,呈现出碎片化的特征。

2013 年 8 月至 2015 年 7 月期间,有学者会同外国教授共同合作开展了"国际商事仲裁裁决在中国的承认与执行"的实证研究。[①] 针对在中国有过申请承认与执行外国仲裁裁决经历的受调查者的调研结果显示,有 84% 的受调查者认为其在中国申请承认和执行外国仲裁裁决时遭遇过困难。而对于具体的困难点,63% 的受调查者选择了"当地的执行程序"这一选项。应当说,我国碎片化立法下的执行程序确实在一定程度上给裁决当事人的申请执行造成了困难。但同样是在该项调研中,我们可以看到,65% 的受调查者都可以成功得到裁决标的 76%—100% 的金额;73% 的受调查者能够成功得到裁决标的 50% 以上的金额,法院执行中的执行标的到位率相当可观。应当说,如果仅从执行成果上看,我国现行的执行程序效果还是不错的,但当事人不高的满意率,也说明我国现行执行程序在操作上有需要改进之处。

---

① 调研相关数据及分析参见肖蓓:《〈纽约公约〉背景下我国对外国仲裁裁决承认及执行的实证研究》,载《现代法学》2016 年第 3 期。

(二) 外国仲裁裁决执行中技术性问题现存缺陷

1. 有关执行立法碎片化

我国有关外国仲裁裁决执行方面并无统一的立法筹划,立法相对分散,有关条文散见于《民事诉讼法》及其司法解释、《最高人民法院关于承认和执行外国仲裁裁决收费及审查期限问题的规定》《最高人民法院关于人民法院执行工作若干问题的规定(试行)》等法律规范。另外,大多数情况下参照适用一般执行程序的规定,既难以体现仲裁裁决执行的特殊性,也会对不熟悉中国法律的当事人在申请时造成困难;且立法中也缺乏原则性的规定,缺乏在原则上对法院的指引,司法实践的尺度难免不一。

2. 申请执行期间参照适用民诉法并不合理

依据 2015 年《民事诉讼法》司法解释第 547 条,"当事人申请承认和执行外国法院作出的发生法律效力的判决、裁定或者外国仲裁裁决的期间,适用民事诉讼法第二百三十九条的规定",即在我国申请执行外国仲裁裁决的期间为 2 年,同一般民事诉讼案件相同。但仲裁裁决的承认与执行并不能同一般案件画等号,同等情况下其周期必然会长于一般案件周期。仲裁裁决当事人申请执行的准备时间较长,一般会涉及签证办理、文书翻译、文书公证等事宜;且对外国当事人而言,探知被申请人财产所在地本身也需要时间,尤其当被申请人存在隐匿、转移财产的情况时。观察其他国家立法可以发现,依据美国仲裁法,外国仲裁裁决当事人申请在美国承认与执行仲裁裁决,可以在裁决作出后的 3 年内提出;英国则将申请执行仲裁裁决的期间放宽到 6 年;日本和意大利法律更是规定了 10 年的期间。相比之下,我国所规定的 2 年的申请执行期间未免过短。

3. 受理申请的机构并不明确

《民事诉讼法》第 283 条规定:"国外仲裁机构的裁决,需要中华人民共和国人民法院承认和执行的,应当由当事人直接向被执行人住所地或者其财产所在地的中级人民法院申请",确认了受理执行申请的管辖法院。但在法院具体实践中面临的问题是,由法院中具体哪个法庭来进行审查。实践中存在着不同的观点和做法。有的法院认为外国仲裁裁决有涉外因素,一般应由涉外民事法庭进行审查;①有的法院则认为,外国仲裁裁决作为外国已生效的法律文书,其执行应由执行庭进行审查。事实上,执行庭法官的审判经验可能相对不足,导致很难对有关外国仲裁裁决进行专业的审查,并不适合受理有关申请,难免会影响到判决承认与执行的公正性。

4. 受理申请的期限并不合理

我国法律并未对受理申请后立案的时间作出规定,这是立法上的一个空白。立法空白的结果是实践中立案时法院效率拖沓,仲裁裁决未能及时得到执行,实质是对当事人权利的损害。例如,在广西南宁中院"关于申请承认与执行英国伦敦糖业协会第107号仲裁裁决"一案中,②当事人于1997年4月向南宁中院提出申请,南宁中院于7月15日接受了当事人的诉讼材料,但直到9月23日才作出"受理案件通知书"。冗长的期限造成的执行效率低下,也很难提高当事人对仲裁裁决执行的满意度。

(三)完善我国外国仲裁裁决执行中技术性问题的建议

1. 对执行事项进行统一立法

碎片化的立法并不利于我国仲裁裁决承认与执行的实践,通过对外国仲裁裁决执行事项的统一立法可以有效解决这一麻烦。对执行事项统一立法,确立若干执行中适用的原则,有利于统一

---

① 绝大多数法院涉外民事法庭为民四庭。
② 参见陈卫旗:《对一起"马拉松"式外国仲裁裁决执行案的评析》,载《仲裁研究》2006年第3期。

执行实践中的尺度,给予法官思想和观念上的指导。统一立法改变碎片化立法现状,亦能充分体现执行的特殊性,同时加强当事人对有关规定的了解,便利当事人对执行的申请和执行状况的了解。

2. 明确期间的有关规定

此处的期间包括申请执行的期间和受理申请的期间。如前所述,将我国《民事诉讼法》申请执行的一般期间适用于外国仲裁裁决的承认与裁决领域并不合适。将申请执行的期间适当延长更为合理,延长需考虑的是使申请执行时间对于申请执行人较为充分,足以完成签证办理、文书翻译、文书公证的事宜,有利于实现裁决执行的实体公正。受理申请的期间我国法律尚无规定,现行一般案件最长立案期限为7日,但7日对于外国仲裁裁决执行申请未免过短。外国仲裁裁决往往相关材料众多,而且一些材料也需要核实,往往难以在短时间内审查完成以决定是否立案,但过长的审查时间也会损害执行的效率。折中来看,30日的立案审查期间或许较为合理,既考虑了法院审查的难度,也兼顾了效率。

3. 明确由民事涉外法庭处理有关案件

针对我国法院在实践中对由哪个法庭来处理有关案件不明确的问题,可以通过由最高人民法院通过通知等形式明确由民事涉外法庭负责审理。一方面,外国仲裁裁决具有涉外因素,本就属于民事涉外法庭的审理范围;另一方面,民事涉外法庭法官长期接触涉外案件,在涉外审判方面经验较为丰富,由他们来进行审查也更为合理。由执行庭法官来审查并不合适,一来执行庭法官可能缺乏涉外审判经验,二来对外国仲裁裁决的执行涉及的审查内容不仅仅属于执行的范畴。

第三节　我国区际判决和仲裁裁决的承认与执行

一、我国区际判决和仲裁裁决承认与执行的发展现状

在"一国两制"的基本框架下,港、澳、台和内地同属一个中国,但实行不同的社会制度。社会制度涵盖了法律制度,在香港和澳门回归祖国后,我国实际上形成"一国两制、三法系、四法域"的多法域的局面,由此产生了区际判决和仲裁裁决承认与执行的问题。① 我国规制区际判决和仲裁裁决承认与执行的规范性文件主要是内地与香港、澳门达成的有关"安排",以及最高人民法院出台的部分司法解释。

早在 1999 年,最高人民法院便与香港律政署达成了《最高人民法院关于内地与香港特别行政区相互执行仲裁裁决的安排》。该安排中规定:"香港特区法院同意执行内地仲裁机构(名单由国务院法制办公室经国务院港澳事务办公室提供)依据《中华人民共和国仲裁法》所作出的裁决,内地人民法院同意执行在香港特区按香港特区《仲裁条例》所作出的裁决。"这条原则性规定体现了香港法律界对内地仲裁机构的不信任,似有向香港报备之嫌。主体机关上,在内地指被申请人住所地或者财产所在地的中级人民法院,在香港特区指香港特区高等法院。② 此外,该安排还在第 11 条规定:"本安排在执行过程中遇有问题和修改,应当通过最高人民法院和香港特区政府协商解决。"③

---

① 参见黄进:《区际冲突法》,永然文化出版股份有限公司 1996 年版,第 5 页。
② 参见《最高人民法院关于内地与香港特别行政区相互执行仲裁裁决的安排》第 2 条。
③ 性质上同样是司法协助安排的《最高人民法院关于内地与香港特别行政区法院相互委托送达民商事司法文书的安排》规定,有关修改和解释程序由内地最高人民法院和香港高等法院协商解决,但难以厘清其作不同安排的逻辑。

内地与香港在判决承认与执行方面于 2008 年达成了《最高人民法院关于内地与香港特别行政区法院相互认可和执行当事人协议管辖的民商事案件判决的安排》。这一安排从名称上便可看出在适用范围上非常狭窄。受理的主体依照该安排规定为被申请人住所地、经常居住地或者财产所在地的中级人民法院或香港特区高等法院。[①] 该安排的修改和解释程序与仲裁裁决的承认与执行相同，亦由最高人民法院和香港特别行政区政府协商解决。[②]

这种适用范围上的狭窄体现在实践中，便是以该安排为依据承认和执行香港判决的案例数量极为稀少。2008 年该安排生效至今，仅在迅盈控股有限公司案[③]和 BEL NICKEL RESOURCES LIMITED 案[④]等少数案件中以该安排为依据承认了涉案判决。更多情况下，法院基于涉案判决在该安排的适用范围之外而对涉案判决不予承认和执行，[⑤]或者依据其他有关规定对涉港判决进行承认与执行。[⑥] 该协议在实践中适用率低、发挥作用小，象征性意义远大于实践意义，内地与香港之间普通民事判决的相互承认与执行则无法顺利进行。

2007 年，内地与澳门达成了《最高人民法院关于内地与澳门特别行政区相互认可和执行仲裁裁决的安排》。该安排并未如《最高人民法院关于内地与香港特别行政区相互执行仲裁裁决的安排》般要求内地提供仲裁机构名单。在承认与执行的主体机关

---

① 参见《最高人民法院关于内地与香港特别行政区法院相互认可和执行当事人协议管辖的民商事案件判决的安排》第 4 条。
② 同上书，第 18 条。
③ 参见广东省肇庆市中级人民法院(2014)肇中法民二初字第 1 号民事裁定书。
④ 参见福建省泉州市中级人民法院(2015)泉民认字第 76 号民事裁定书。
⑤ 如广东省广州市中级人民法院(2013)穗中法民四终字第 11 号民事裁定书。
⑥ 例如，在(2015)大民一特字第 2 号民事裁定书中，大连市中级人民法院适用《最高人民法院关于中国公民申请承认外国法院离婚判决程序问题的规定》对涉案的香港离婚判决予以认可。

规定上,内地由中级人民法院认可和执行,澳门地区则由中级法院认可、初级法院执行。此外,该安排的解释和修改,依规定由最高人民法院和澳门特别行政区协商解决。2006年,内地与澳门达成了《最高人民法院关于内地与澳门特别行政区相互认可和执行民商事判决的安排》。总体上看,该安排较为全面,对"判决"范围进行了较为宽泛的解释。[1] 该安排规定的主体机关与认可和执行仲裁裁决的主体机关相似,解释和修改程序也相仿。

实践中,内地与澳门相互承认判决的情况较多。内地法院依照《最高人民法院关于内地与澳门特别行政区相互认可和执行民商事判决的安排》先后认可了数件[2]承认与执行澳门判决的案件。[3] 截至2014年,澳门法院受理了157件内地法院判决和仲裁裁决的承认与执行案件,其中审结案件142件,仅有1件未获承认,另有6件未经审理而结案,其余135件均获认可。[4] 认可的数量相对于澳门的司法体量非常可观,认可率也相当高。判决种类上,涉及婚姻、债权等多个领域,承认的文书既包括判决书,也包括调解书。在对离婚判决的承认中,也一并承认子女抚养和财产分割的相关判决。[5] 此外,内地亦曾对澳门作出的在内地无相似法律制度的禁治产案件予以认可。[6]

大陆与台湾地区达成的《海峡两岸共同打击犯罪及司法互助协议》中提及的合作项目包含了判决与仲裁裁决的承认与执行,

---

[1] 《最高人民法院关于内地与澳门特别行政区相互认可和执行民商事判决的安排》第2条规定:"本安排所称'判决',在内地包括:判决、裁定、决定、调解书、支付令;在澳门特别行政区包括:裁判、判决、确认和解的裁定、法官的决定或者批示。"

[2] 如(2014)合民四初字第00006号、(2014)通中民初字第00125号民事裁定书。

[3] 因澳门仲裁机构作出的澳门仲裁较少,故实践中鲜见涉澳仲裁裁决的承认与执行案件。

[4] 参见《澳门特别行政区法院司法年度年报(2014—2015)》。

[5] 参见澳门中级法院第481/2014号判决书。

[6] 参见(2015)珠中法民四认字第3号民事裁定书。

但该协议对裁判认可条件的规定仅包括了基于互惠原则和不违反公共秩序或善良风俗两个条件。① 鉴于该协议的框架性质,未有两岸经过实质程序通过的后续规定,在相互认可和执行民商事判决与仲裁裁决方面难有法律依据。实践中,两岸在这方面的实践仍旧依据各自的单边立法进行操作。大陆现行法中,最高人民法院2015年出台的《最高人民法院关于认可和执行台湾地区仲裁裁决的规定》和《最高人民法院关于认可和执行台湾地区法院民事判决的规定》系大陆的单方规定。该规定出台后已有大量案件适用该规定对台湾地区法院的判决予以承认,承认的判决种类包括婚姻、债权、票据支付等多个领域。② 台湾地区方面承认大陆判决与仲裁裁决的法律依据是"台湾地区与大陆地区人民关系条例"第74条③,但该条在实际运用中还存在许多问题,如未区分法院判决与仲裁裁决、滥用公共秩序保留、受政治因素影响过大等,④使得台湾地区承认大陆的判决和裁决在实践中较为罕见。

二、我国区际判决和仲裁裁决承认与执行中存在的问题

(一)我国区际判决和仲裁裁决承认与执行"安排"存在的问题

区际司法协助协议是我国目前对区际司法协助进行规制的规范性文件的主要类型,在判决和仲裁裁决承认与执行领域这类区际协议主要表现为各种"安排",但这类名为"安排"的区际协议

---

① 参见《海峡两岸共同打击犯罪及司法互助协议》第10条。
② 如(2015)沪一中民认(台)字第1号、(2015)永中法民三初字第60号、(2015)榕民认字第55号民事裁定书。
③ 该条规定:"在大陆地区作成之民事确定裁判、民事仲裁判断,不违背台湾地区公共秩序或善良风俗者,得声请法院裁定认可。前项经法院裁定认可之裁判或判断,以给付为内容者,得为执行名义。"
④ 参见刘晓红:《论我国商事仲裁裁决执行的区际司法协助》,载《政法论丛》2010年第1期。

在宏观层面上仍存在着部分问题。①

1. "安排"的法律定位不明

首先,"安排"所规制的区际判决和仲裁裁决承认与执行领域是我国立法的空白。"安排"在法律上的表现形式为司法解释。但既无现存立法,"解释"二字便无从谈起。这些"安排"本质上是由审判机关出台文件对立法空白点进行规制,是审判机关行使立法权的产物。

其次,最高人民法院有无权限作为代表签署相关协议,也是值得考虑的问题。依照我国宪法对立法、行政、司法权力的分配,最高人民法院作为司法机关,其行使的权力是司法权。而区际协议的谈判,并不涉及实际的司法操作,应是行政权支配的范畴。由此看来,区际协议的谈判,由司法行政机关代替审判机关来进行似乎更为妥当。

最后,在程序上,协议的生效在香港特别行政区需经香港立法会批准,最高人民法院也必须等待香港立法会批准后才能发布"安排"。如此一来,香港立法会反倒成为最终决定协议是否生效的机关。这既损害了最高人民法院的权威,也干扰了内地法域的平等地位。既然内地与香港、澳门地区为平行法域,将规范区际私法协助的"安排"由全国人大常委会审查通过更为合理。

2. 缺乏推动"安排"执行的上位法律义务

如前所述,宪法对相关"安排"的效力并未有规定,也并未为各法域设定推行"安排"的义务。这一上位义务的缺失对判决和裁决的承认与执行影响颇大。判决和仲裁裁决的承认与执行,需要各法域法院配合施行,尤其是其他法域法院的主动配合。由于上位法律义务的缺乏,导致对法院依据"安排"进行有关活动的督

---

① 参见袁发强:《我国区际民商事司法协助"安排"的缺陷与完善》,载《法学》2010年第2期。

促缺失,不仅仅是损害有关协议的权威,更会损害当事人民事权益,不利于纠纷的解决。

3. "安排"执行情况的透明度不足

判决和仲裁裁决的承认与执行属于司法协助范畴,司法协助是基于互惠的司法活动,因此对于区际司法协助而言,法域间彼此的信任尤为重要。2005年,曾有香港立法会议员就《最高人民法院关于内地与香港特别行政区相互执行仲裁裁决的安排》的执行情况向香港律政司司长进行质询,却被告知最高人民法院并无香港仲裁在内地地区申请执行的有关记录,从而引发了部分议员的不满,甚至提出为何还要执行该安排的问题。直到2007年6月,最高人民法院才以"已执行香港仲裁裁决十余件"这样语焉不详的言辞作为回应。[①] 事实上,只有澳门法院会在每年的年报中公布执行区际协议的具体数字。最高人民法院近年来的工作报告只给出一个笼统的司法协助执行案件总量,并未对司法协助案件的类型和司法协助的区域进行细分。香港法院每年的年报也未对有关"安排"的具体执行情况予以公布。这种透明度的缺失,无疑损害了法域互信,对法域间判决和仲裁裁决的承认与执行并无好处。

(二) 判决中法院适用法律依据不一

"安排"作为内地与港、澳之间有关协议的名称,是一种创新,也是一种无奈之举。这些"安排"本身的性质难以在现行法中寻得依据,效力层次也存在疑问,很难证明两地法院,尤其是港、澳法院具有推进"安排"实行的宪法或基本法上的义务,这对"安排"在港、澳的适用是个难题。

此外,内地相关立法的碎片化,也导致法院在适用法律的依

---

① 参见张宪初:《澳门对中国民商事区际司法协助发展的贡献及其特色》,载《比较法研究》2010年第3期。

据上难以统一。尤其是当"安排"对适用范围存在限制,如《最高人民法院关于内地与香港特别行政区法院相互认可和执行当事人协议管辖的民商事案件判决的安排》,会导致在该安排适用范围以外的案件在进行司法协助时难以确认相关依据。以内地与香港离婚判决为例,[①]在(2015)大民一特字第2号案件中,大连市中级人民法院承认了香港地方法院作出的 FCMC15424/2008 号离婚判决书,依据是《最高人民法院关于中国公民申请承认外国法院离婚判决程序问题的规定》第12条、第13条。而在上海市第一中级人民法院(2011)沪二中民认(港)字第1号民事裁定书中,却仅仅引用了当时施行的《民事诉讼法》第140条第1款第11项,即有关裁定的适用范围。相似的还有蒋某申请承认香港特别行政区区域法院离婚判决法律效力案,[②]亦没有给出承认该判决适用的法律依据。再如,申请人郦某申请承认香港法院判决一案,南京市中院以《香港特别行政区基本法》第95条、《最高人民法院关于我国公民周芳洲向我国法院申请承认香港地方法院离婚判决效力,我国法院应否受理问题的批复》作为承认香港判决的依据。[③]这种法律适用上的不统一,对该领域法律的相对稳定是很不利的,对司法的公信力也有很大影响。

(三)部分领域协议缺失,且已达成的协议适用范围有限

大陆与台湾地区在判决和仲裁裁决方面至今未达成实体性的双边区际协议,实践中依据的仅是单边立法。这种协议的缺失,使得在面对实践需要时难以觅得恰当且合理的法律依据。此外,现存的"安排"中也存在着适用范围上的限制。典型如《最高人民法院关于内地与香港特别行政区法院相互认可和执行当事

[①] 参见张淑钿:《双边安排缺失下香港承认内地婚姻判决的新动向及应对》,载《人民司法》2015年第15期。
[②] 参见(2014)德民一初字第80号民事裁定书。
[③] 参见(2015)宁民初字第64号民事裁定书。

人协议管辖的民商事案件判决的安排》。该安排排除了婚姻家庭方面的判决的适用,虽然实践中有些法院依据其他条文对某些判决予以了承认,但也有法院据此拒绝了当事人的司法协助申请。

例如,在郭伟明与陈爱琍请求承认和执行香港特别行政区离婚判决案中,①当事人双方请求法院承认和执行香港特别行政区区域法院于 2012 年 10 月 19 日发出之婚姻诉讼案 FCMC2012 年第 6689 号绝对判令之证明书及婚姻诉讼案 FCMC2012 年第 6689 号命令,以便其办理地处佛山市的房屋产权变更手续。但佛山市中级人民法院援引了《香港特别行政区基本法》第 95 条之规定,认为内地法院与香港特别行政区法院之间依法进行司法方面的联系和相互提供协助事项,必须通过两地的主管机关协商作出安排后才能进行。目前,内地法院与香港特别行政区法院尚未就相互承认和执行离婚判决事项作出安排,受理此类申请没有依据,从而认定当事人的起诉不符合受理条件,驳回了申请人的司法协助申请。

再如,在游佩芳申请承认香港特别行政区区域法院婚姻诉讼案件号 1832/2004 判令的法律效力案中,②法院以"确认监护权判令的承认,内地与香港特别行政区之间尚未有相关规定"为由,同样对当事人的申请予以驳回。"安排"的适用范围狭窄,使得实践中普遍存在的家事案件,尤其是离婚案件难以依据安排得到承认。无法解决司法实践中的大部分问题,"安排"的存在价值便会大打折扣。

类似的情况还有《最高人民法院关于认可和执行台湾地区法院民事判决的规定》,该规定排除了对台湾地区法院商事判决的认可和执行,该规定颁布后实践中承认的也多为借贷、离婚等民

---

① 参见(2013)佛中法民一初字第 14 号民事裁定书。
② 参见(2015)漯立民初字第 1 号民事裁定书。

事案件,未见承认台湾地区商事判决的案例。这与法域间频繁的商事来往是不相协调的。

(四)公共秩序保留的适用混乱

我国各法域间规制区际判决和仲裁裁决承认与执行的规范性文件大多包含了公共秩序保留的有关条款。① 未达成区际协议的如大陆与台湾地区区际判决的承认与执行,而施行的单边立法中也包含公共秩序保留的有关条款。② 实践中,我国各法域,尤其是大陆与台湾地区,都非常重视公共秩序保留的适用,各法域对公共秩序保留制度也均持肯定态度,在各自法域内立法中也有体现。但公共秩序保留作为一项制度,其弹性过大,易受政策、法律等相关因素影响,适用上难免显得随意且缺乏稳定性,使得司法协助具体事项政策性色彩过浓,而失去其可预见性,③导致适用上的混乱。

三、完善我国判决和仲裁裁决承认与执行的几点建议

(一)架构宪法协调的相关制度

我国各法域间判决和仲裁裁决承认与执行问题的存在,源自宪法和基本法赋予了各法域司法终审权,各法域的判决因此而具有终局性。从源头上看,由宪法条文来协调各法域间判决和仲裁裁决的承认与执行最为适宜。但如前所述,我国宪法对目前规制这一领域的有关"安排"的法律定位并无规定,也并未设定各法域机关积极推行相关"安排"的义务。《香港特别行政区基本法》第

---

① 如《最高人民法院关于内地与香港特别行政区相互执行仲裁裁决的安排》第7条第3款。
② 如《最高人民法院关于认可和执行台湾地区仲裁裁决的规定》第14条第2款。
③ 参见郑清贤:《海峡两岸相互认可与执行民事仲裁存在的问题及对策建议》,载《海峡法学》2010年第12期。另参见刘晓红:《海峡两岸仲裁裁决相互认可与执行制度之检视与修正》,载《法学》2011年第12期。

95条①、《澳门特别行政区基本法》第93条②仅是赋予了港、澳地区同内地其他地区司法机关协商达成区际司法协助协议的权利，并未为其设定施行这些区际协议的义务。判决和仲裁裁决的承认与执行需要各法域司法机关的主动配合，积极履行，但上位法义务的缺乏并不利于区际司法协助活动的开展。在宪法中设定有关义务是最切实可行的手段，应当以补充协议的方式在《宪法》中增加有关条款，③为各法域司法机关设定开展司法合作活动的义务，从而推动有关区际协议的施行。

（二）扩大有关"安排"的适用范围

当前内地与香港有关判决承认与执行的协议，适用范围过窄，造成了司法实践中无法可依、适用依据不一等问题。诚然，由于两地间法律制度的巨大差异，在短时间内希望内地和香港达成如内地和澳门之间适用范围宽广的协议是不现实的，但完全可以参照《内地与香港关于建立更紧密经贸关系的安排》的处理方法，通过谈判以补充协议的方式逐步扩大"安排"的适用范围。实践中有许多判决，并不在"安排"的适用范围内，但仍依据其他立法中有关参照适用外国判决处理的规定得到了承认。④ 这说明虽然在部分领域没有相关"安排"的规制，但各法域对这些领域的其他法域判决仍是持认可态度的，只是由于缺乏相关法律依据造成了法律适用上的混乱。因此，通过谈判扩大"安排"的适用范围，在这些双方争议较小、互相认可的领域纳入"安排"的适用范围是很有必要且切实可行的。可以通过谈判，以补充协议的形式将法域

---

① 该条规定："香港特别行政区可与全国其他地区的司法机关通过协商依法进行司法方面的联系和相互提供协助。"

② 该条规定："澳门特别行政区可与全国其他地区的司法机关通过协商依法进行司法方面的联系和相互提供协助。"

③ 参见袁发强：《宪法与我国区际法律冲突的协调》，法律出版社2009年版，第299—300页。

④ 如(2015)大民一特字第2号、(2011)沪二中民认(港)字第1号民事裁定书。

间差异较小的领域如财产权、人身权,以及实践中频率最高、认可比例较高的婚姻等家事案件纳入"安排"的适用范畴,而对于争议较大的领域如破产等,则可暂时搁置。

(三)明确"安排"适用中问题的解释和修改程序

虽然我国当前施行的判决和仲裁裁决承认与执行"安排"中都包含解释和修改的条款,但这些规定都太过笼统,缺乏实施细则,有必要通过补充立法加以明确。

首先,应当明确解释和修改的启动程序,即在何种情况下提起解释和修改的协商建议。明确启动程序能够避免各法域司法机关寻求解释时的无所适从或提请解释的无序。

其次,应当明确有关问题的协商机关。现行各"安排"仅笼统地规定由最高人民法院与特区人民政府或由最高人民法院与特区法院进行协商。在当前法律框架下,受基本法相关条款的限制,[1]各法域的司法机关或许是相对最合适的机关;且司法机关作为承认与执行判决和仲裁裁决实施的主体,最了解"安排"执行过程中出现的问题的具体情况,由其来解释或协商达成修改建议更为合理。

最后,应当明确协商的程序。受宪法对立法权、行政权和司法权分配的有关规定限制,尽管司法机关是最合适的协商机关,但至少在内地,其并不是最适宜发布这些相关条款的机关。由司法机关谈判协商后交由全国人大常委会发布似乎更符合宪法中对立法权和司法权的相关规定。如果由全国人大常委会将有关条款发布,所发布条款的法律位阶也更高,更有利于相关司法协助活动的开展。

---

[1] 《香港特别行政区基本法》第 95 条规定,香港特别行政区可与全国其他地区的司法机关通过协商依法进行司法方面的联系和相互提供协助。

（四）完善判决和仲裁裁决承认与执行实践中公共秩序保留的适用

我国四法域间法律制度的差异是比较大的，融合还需要漫长的过程。在这样的前提条件下，公共秩序保留的适用很有必要。对于各法域间不可协调的法律冲突，公共秩序保留可以起到屏蔽作用，从而维护各自法域制度下的生活方式，保护各法域的根本利益不受侵犯。[①] 但如前所述，公共秩序保留其本身具有的较大弹性使这一制度在适用上存在着随意性的特点，很容易造成制度的滥用，不利于法域间互信的建立，因而有必要对公共秩序保留的适用作出一定的限制。应当顺应从严适用公共秩序保留的国际潮流，统一公共秩序保留在四法域间的适用范围，在适用标准上明确采用"客观说"。[②] 这种适用上的严格限制，有利于有关司法实践的有序开展。此类适用标准条款，可以在谈判后补充入"安排"的内容之中，以便于在实践中进行规制。法院在实际的司法操作中，也应当秉持谨慎适用公共秩序保留的态度，不轻易援引公共秩序保留拒绝承认与执行其他法域作出的判决和仲裁裁决。

[①] 参见冯霞：《中国区际冲突法中的公共秩序保留制度》，载《河南师范大学学报（哲学社会科学版）》2005年第5期。

[②] 有学者认为，在区际冲突法问题上考虑适用公共秩序保留制度时采用"客观说"也不是绝对的，在一些涉及"一个中国"原则的根本性问题上，毫无疑问应采用"主观说"。参见于飞：《公共秩序保留的适度适用——以两岸相互认可与执行法院判决和仲裁裁决为视角》，载《台湾研究集刊》2010年第3期。

参 考 文 献

[1] Kurt H. Nadelmann, Choice-of-Court Clauses in the United States: The Road to Zapata, *The American Journal of Comparative Law*, Vol. 21, No. 1, 1973.

[2] M. Richard Cutler, Comparative Conflicts of Law: Effectiveness of Contractual Choice of Forum, *Texas International Law Journal*, Vol. 20, 1985.

[3] 曹志瑜:《解读〈法官法〉、〈检察官法〉中的"其他具备条件"——兼论基层司法首长选任模式》,载《世纪桥》2012年第13期。

[4] 陈寒枫、周卫国、蒋豪:《国际条约与国内法的关系及中国的实践》,载《政法论坛》2000年第2期。

[5] 陈金钊:《法律解释及其基本特征》,载《法律科学》2000年第6期。

[6] 陈卫旗:《对一起"马拉松"式外国仲裁裁决执行案的评析》,载《仲裁研究》2006年第3期。

[7] 陈兴良:《案例指导制度的法理考察》,载《法制与社会发展》2012年第3期。

[8] 陈兴良:《案例指导制度的规范考察》,载《法学评论》2012年第3期。

[9] 陈治东、沈伟:《国际商事仲裁裁决承认与执行的国际化趋势》,载《中国法学》1998年第2期。

[10] 党小芳:《论我国承认与执行外国法院判决条件的缺陷与完善》,载《特区经济》2014年第3期。

[11] 邓锐、徐同义:《我国域外送达制度及其完善》,载《山东审判》2010年第1期。

[12] 丁海湖:《案例指导制度建构中存在的问题及对策》,载《人民司法》2007年第23期。

[13] 丁伟:《我国对涉外民商事案件实行集中管辖的利弊分析——评〈最高人民法院关于涉外民商事诉讼管辖权若干问题的规定〉》,载《法学》2003年第

8期。

[14] 丁文严:《案例指导制度背景下人民法院案例系统的构建》,载《法律适用》2013年第1期。

[15] 杜婧:《1990—2012年上海市法院适用国际条约情况刍议》,载《学理论》2015年第5期。

[16] 杜瑞芳:《从职业培训视角探索中国特色法官遴选制度》,载《法律适用》2008年第9期。

[17] 杜涛:《互惠原则与外国法院判决的承认与执行》,载《环球法律评论》2007年第1期。

[18] 冯桂:《当前我国司法解释制度的弊端及其改革方向》,载《公民与法》2009年第2期。

[19] 冯霞:《中国区际冲突法中的公共秩序保留制度》,载《河南师范大学学报(哲学社会科学版)》2005年第5期。

[20] 干朝端:《建立以判例为主要形式的司法解释体制》,载《法学评论》2001年第3期。

[21] 何靖:《我国涉外民商事案件将集中管辖》,载《人民法院报》2002年2月26日第1版。

[22] 何其生:《国际商事仲裁司法审查中的公共政策》,载《中国社会科学》2014年第7期。

[23] 何其生:《我国域外送达机制的困境与选择》,载《法学研究》2005年第2期。

[24] 何其生:《域外送达制度研究》,北京大学出版社2006年版。

[25] 胡振杰、李双元:《从我国法院的几个案例谈国际私法上公共秩序保留制度的正确运用》,载《政法论坛》1992年第5期。

[26] 黄海:《构建案例指导制度的思考》,载《人民司法》2006年第10期。

[27] 黄进:《区际冲突法》,永然文化出版股份有限公司1996年版。

[28] 黄进、杜焕芳:《关于我国法院审理涉外海事案件适用法律情况的分析》,载金正佳主编:《中国海事审判年刊》,人民交通出版社2005年版。

[29] 黄进、马德才:《国际商事争议可仲裁范围的扩展趋势之探析——兼评我国有关规定》,载《法学评论》2007年第3期。

[30] 黄进、周园、杜焕芳:《2012年中国国际私法司法实践述评》,载《中国国际

私法学会 2013 年年会论文集》。
[31] 黄进主编:《国际私法》,法律出版社 1999 年版。
[32] 金彭年、王健芳:《国际私法上意思自治原则的法哲学分析》,载《法制与社会发展》2003 年第 1 期。
[33] 金赛波:《中国信用证法律和重要案例点评》,对外经贸大学出版社 2002 年版。
[34] 黎章辉:《涉外民商事案件集中管辖要论》,载《人民司法》2002 年第 7 期。
[35] 李浩培:《国际民事程序法概论》,法律出版社 1996 年版。
[36] 李浩培:《条约法概论》,法律出版社 1987 年版。
[37] 李健男、吕国民:《对公共秩序保留制度的反思与展望》,载《法学评论》1996 年第 4 期。
[38] 李丽:《从历史角度看中国法官制度发展》,载《理论界》2011 年第 11 期。
[39] 李双元:《中国与国际私法统一化进程》(修订版),武汉大学出版社 1998 年版。
[40] 李双元、谢石松:《国际民事诉讼法概论》,武汉大学出版社 2001 年版。
[41] 李旺主编:《涉外民商事案件管辖权制度研究》,知识产权出版社 2004 年版。
[42] 林燕萍:《对我国国际私法司法解释现象的法理分析》,载《法学》2000 年第 5 期。
[43] 凌斌:《法官如何说理:中国经验与普遍原理》,载《中国法学》2015 年第 5 期。
[44] 刘贵祥、沈红雨:《我国承认和执行外国仲裁裁决的司法实践述评》,载《北京仲裁》2012 年第 1 期。
[45] 刘卫国:《论国际民事管辖权的立法趋向》,载《法商研究》2001 年第 1 期。
[46] 刘卫翔:《国际民事管辖权的根据及限制》,载《比较法研究》1996 年第 4 期。
[47] 刘晓红:《海峡两岸仲裁裁决相互认可与执行制度之检视与修正》,载《法学》2011 年第 12 期。
[48] 刘晓红:《论我国商事仲裁裁决执行的区际司法协助》,载《政法论丛》2010 年第 1 期。
[49] 刘义军、徐春成:《法官逐级遴选制度的构建》,载《理论探索》2014 年第

6期。

[50] 刘永伟:《国际条约在中国适用新论》,载《法学家》2007年第2期。

[51] 刘作翔:《我国为什么要实行案例指导制度》,载《法律适用》2006年第8期。

[52] 刘作翔、徐景和:《案例指导制度的理论基础》,载《法学研究》2006年第3期。

[53] 龙飞:《域外法院裁判文书上网制度比较研究》,载《人民司法》2014年第17期。

[54] 马德才:《论国际商事仲裁中争议事项的可仲裁性问题》,载《江西财经大学学报》2000年第3期。

[55] 马琳:《析德国法院承认中国法院民商事判决第一案》,载《法商研究》2007年第4期。

[56] 〔英〕莫里斯主编:《戴西和莫里斯论冲突法》(上),李双元等译,中国大百科全书出版社1998年版。

[57] 沈德咏主编:《人民法院案例选》,人民法院出版社2010年版。

[58] 沈木珠:《国际贸易合同适用国际贸易惯例的实证分析》,载《国际贸易问题》2009年第5期。

[59] 沈宗灵:《当代中国的判例——一个比较法研究》,载《中国法学》1992年第3期。

[60] 宋连斌、赵正华:《我国涉外民商事裁判文书现存问题探析》,载《法学评论》2011年第1期。

[61] 陶凯元、郑创豪:《关于与国际惯例接轨的法律思考》,载《暨南学报(哲学社会科学版)》2002年第2期。

[62] 万鄂湘:《"入世"后我国的司法改革与涉外民商事审判》,载陈安主编:《国际经济法论丛》(第6卷),法律出版社2002年版。

[63] 汪世荣:《补强效力与补充规则:中国案例制度的目标定位》,载《华东政法学院学报》2007年第2期。

[64] 王飞、刘卉:《十年回首:对法官遴选制度的检视与修正——基于对东部地区基层青年法官司法能力的调查分析》,载万鄂湘主编:《探索社会主义司法规律与完善民商事法律制度研究》,人民法院出版社2011年版。

[65] 王汉晴、王玮:《论法官层级遴选制度在我国之实践与构建》,载《山东审

判》2015 年第 1 期。

[66] 王吉文:《互惠原则在判决承认与执行上的缺陷》,载《云南大学学报(法学版)》2008 年第 3 期。

[67] 王克玉:《论〈选择法院协议公约〉视角下的意思自治原则》,载《广西政法管理干部学院学报》2009 年第 2 期。

[68] 王明新:《关于完善中国法官选拔制度的理性思考》,载《人民司法》2005 年第 5 期。

[69] 王柠:《论民商事域外取证法律冲突及其弱化趋势》,载《中国司法》2012 年第 7 期。

[70] 王琦:《国外法官遴选制度的考察与借鉴——以美、英、德、法、日五国法官遴选制度为中心》,载《法学论坛》2010 年第 5 期。

[71] 王琦:《我国法官遴选制度的检讨与创新》,载《当代法学》2011 年第 4 期。

[72] 王淑敏、王秀芬:《论国际民商事诉讼管辖权的消极冲突》,载《当代法学》2004 年第 6 期。

[73] 王铁崖主编:《国际法》,法律出版社 1995 年版。

[74] 王薇:《国际民事诉讼中的"过度管辖权"问题》,载《法学评论》2002 年第 4 期。

[75] 王伟:《担保法司法解释与担保法的冲突及对策》,载《黑龙江省政法管理干部学院学报》2003 年第 4 期。

[76] 王祥修:《论不方便法院原则》,载《政法论丛》2013 年第 2 期。

[77] 邬焕庆、曲志红:《缘何实行集中管辖》,载《经济日报》2002 年 3 月 18 日。

[78] 吴一鸣:《国际民事诉讼中的拒绝管辖问题研究》,法律出版社 2010 年版。

[79] 肖蓓:《〈纽约公约〉背景下我国对外国仲裁裁决承认及执行的实证研究》,载《现代法学》2016 年第 3 期。

[80] 肖永平:《论国际商事惯例在我国的适用》,载《河南省政法管理干部学院学报》2003 年第 1 期。

[81] 肖永平:《肖永平论冲突法》,武汉大学出版社 2002 年版。

[82] 谢石松:《论国际民事案件中的管辖权问题》,载《中山大学学报(社会科学版)》1996 年增刊。

[83] 徐崇利:《经济全球化与外国判决承认和执行的互惠原则》,载《厦门大学法律评论》2005 年第 1 期。

[84] 徐冬根、单海玲、刘晓红主编:《国际公约与国际惯例(国际私法卷)》,法律出版社 1998 年版。

[85] 徐锦堂:《当事人合意选法实证研究——以我国涉外审判实践为中心》,人民出版社 2010 年版。

[86] 徐丽丽:《我国涉外送达的送达方式及其法律适用的协调》,载《当代法学》2003 年第 10 期。

[87] 徐鹏:《外国法解释模式研究》,载《法学研究》2011 年第 1 期。

[88] 徐伟功:《我国不宜采用不方便法院原则——以不方便法院原则的运作环境与功能为视角》,载《法学评论》2006 年第 1 期。

[89] 徐昕:《信息时代的民事诉讼:一个比较法视角》,载张卫平主编:《司法改革论评》(第 2 辑),中国法制出版社 2002 年版。

[90] 许军珂:《国际私法上的意思自治》,法律出版社 2006 年版。

[91] 闫卫军:《论正确查明和适用外国法的可能性——兼论外国法查明问题的定性》,载《海峡法学》2010 年第 3 期。

[92] 杨玲:《国际商事仲裁公共政策司法界定的实践与发展》,载《政治与法律》2010 年第 11 期。

[93] 杨小利:《加拿大法官遴选程序的结构及运行》,载《人民法院报》2015 年 10 月 16 日第 8 版。

[94] 殷洁:《对〈〈担保法〉司法解释〉的若干质疑》,载《江西财经大学学报》2002 年第 2 期。

[95] 于飞:《公共秩序保留的适度适用——以两岸相互认可与执行法院判决和仲裁裁决为视角》,载《台湾研究集刊》2010 年第 3 期。

[96] 袁发强:《同性婚姻与我国区际私法中的公共秩序保留》,载《河北法学》2007 年第 3 期。

[97] 袁发强:《我国区际民商事司法协助"安排"的缺陷与完善》,载《法学》2010 年第 2 期。

[98] 袁发强:《宪法与我国区际法律冲突的协调》,法律出版社 2009 年版。

[99] 袁发强:《有利的法——实质正义的极端化》,载《现代法学》2015 年第 3 期。

[100] 〔美〕约翰·亨利·梅利曼:《大陆法系》,顾培东、禄正平译,法律出版社 2004 年版。

[101] 詹思敏:《外国法的查明与适用》,载《法律适用》2002 年第 11 期。

[102] 张红宽:《外国法查明中的专家制度探析》,载《河南财经政法大学学报》2016 年第 5 期。

[103] 张淑钿:《双边安排缺失下香港承认内地婚姻判决的新动向及应对》,载《人民司法》2015 年第 15 期。

[104] 张宪初:《澳门对中国民商事区际司法协助发展的贡献及其特色》,载《比较法研究》2010 年第 3 期。

[105] 张馨天:《美国民事诉讼送达制度对完善我国送达程序的启示》,载《人民法治》2016 年第 11 期。

[106] 赵秀文:《从永宁公司案看公共政策作为我国法院拒绝执行外国仲裁裁决的理由》,载《法学家》2009 年第 4 期。

[107] 郑清贤:《海峡两岸相互认可与执行民事仲裁存在的问题及对策建议》,载《海峡法学》2010 年第 1 期。

[108] 最高人民法院课题组:《关于德国判例考察情况的报告》,载《人民司法》2006 年第 7 期。

后　　记

　　本书从涉外法官职业队伍建设、涉外法律水平培养、涉外司法解释方式改革、具体涉外审判实践问题的改进等角度,全方位地研究涉外民商事司法环境优化问题。基于涉外民商事司法环境是中国司法大环境的组成部分,本书的研究有助于丰富和完善具有中国特色的司法理论,有助于如《法官法》《民事诉讼法》等相关法律的进一步完善。

　　在中国经济实力大幅提升,国家转型的新时期,将中国建设成亚太地区国际民商事(包含海事)争议的解决中心,是中国走向大国、强国的必要组成部分。理论上看,涉外民商事立法的基本体系已经建成,但这并不必然会提升中国涉外民商事审判水平,只是为司法环境的优化创造了有利的立法条件,还需要从司法制度建设层面完善。本书的研究即为提高中国涉外司法水平建言献策,希望为中国涉外民商事立法及司法理论和实践的完善与发展起到一定的推动作用。

袁发强

2018 年 10 月